NF文庫
ノンフィクション

真珠湾特別攻撃隊

海軍はなぜ甲標的を発進させたのか

須崎勝彌

潮書房光人社

真珠湾特別攻撃隊——目次

第二部

第三部

写真提供／雑誌「丸」編集部・米国立公文書館

真珠湾特別攻撃隊

海軍はなぜ甲標的を発進させたのか

プロローグ

東京神田の古書店街をぶらついていたとき、思いがけなく掘出し物を手に入れた。昭和十六年十二月号の「朝日新聞」縮刷版である。

「帝国陸海軍は、今八日未明、西太平洋において、米英軍と戦闘状態に入れり」

いまでは懐かしくさえ思い出されるあの大本営発表は、開戦の翌日、十二月九日の夕刊に掲載されていた。巷《ちまた》の反応はどうだったのかと三面（社会面）をめくった。遠い昔の復習だから気軽に走り読んでいたが、突然、私の目は、中段右の「囲み記事」に吸い寄せられた。

横書きのメインタイトルで、「海軍将士に新任用」とあって、「抜群殊勲者に二段跳び進級、決戦下彌《いや》高し」と縦書きのサブタイトルがつき、以下、解説文がつぎのようにつづいている。

「海軍では、今回、士官、下士官、兵の二段跳び任用制度を新たに設け、御裁下を仰いだうえ、六日付け発令、八日の官報で公布せられた。この制度は、敵前にあって殊勲を奏し、首将これを全軍に布告した者、または抜群なる勇敢の行為あり、功績顕著《けんちょ》にして軍人の亀鑑《きかん》として海軍大臣これを海軍全般に布告した者に対しては、一足《いっそく》飛びに二階級上級の官に任用または進級せしめられるものである」（現代語に一部書き換え）

「対米英宣戦布告」という空前の大事を、私は二十歳の成年男子として生で体験している。しかし、この記事を読んだという記憶は全くない。うっかりミスもいいところだ。いま改めてつぶさに検討してみよう。

この記事はやたらと問題をふくんでいる。海軍だけが戦争に突入したわけでもないのに、陸軍の文字はただの一つもない。抜群の功をたてるのは海軍だけか、二階級特進は海軍将兵に限るのか、そうだと言わんばかりに記事はつぎのように締めくくっている。

「これにより未曽有の大決戦に際会し、海軍の志気益々《ますます》昂り、将兵一同死を以て国に報ゆるの念を一層深からしめている」

陸軍の志気など知ったことかとばかり、正面切って海軍を押し出した。陸軍がおだやかであるはずがない。それを承知で海軍は面当《つらあ》てがましく陸軍を無視した。長年の因縁《いんねん》があってのことだろう。

遠くはさておき、近くはこんな例がある。

アメリカと事を構える前に、陸軍が北部仏印（北ベトナム）に武力進駐したとき、海軍は反対の姿勢を行動で示した。船団護衛を打ち切って、上陸した陸軍を置き去りにした。

陸軍の鼻息はかえって荒くなった。

「海軍に戦う自信がないなら、軍事予算は全部こっちへよこせ」

「日本のまわりはぐるりと海だぞ。太平洋を歩いて渡る気か」

それを言われると陸軍は弱い。アメリカが迫ってきた。

「中国から撤兵せよ」

陸軍は突っぱねた。

「撤兵は断じてできない」

海軍はうそぶいた。

「撤兵問題でアメリカと戦うのは愚《おろ》かである」

陸軍は居《い》直《なお》った。

「はっきり言ってくれ、戦えないと。それならそれでこっちも考える」

戦うと負けるとは言えない。軍人の禁句である。非戦の急先鋒山本五十六《やまもといそろく》でさえ例外ではなかった。二年三年となるとまったく自信がないと断定したのに、言わずもがなの口上を補足した。

「ぜひやれと言うなら一年や一年半は存分に暴《あば》れてみせる」

存分に暴れる、という一語だけが、糸の切れた凧《たこ》のように舞い上がった。ために廟議《びょうぎ》は一決した。海軍は長駆、東へ三千浬《かいり》、ハワイを急襲して陸軍の度胆《どぎも》をぬいた。

太平洋が戦場となると、当然のことながら海軍が主導権をにぎった。だから図に乗って身内だけの二階級特進を謳《うた》ったのか。帝国海軍は紳士を標榜《ひょうぼう》する。そんな大人気《おとなげ》ないことをするわけがない。なにやら遠大な企図があってのことだろう。制度を公《おおやけ》にしたタイミングからしても、計算ずくの感がある。

発令されたのは開戦の二日前だが、いきなりだと開戦をほのめかす。宣戦布告の当日には国民の心が粛然《しゅくぜん》と沈んだ。しかし、翌日には真珠湾攻撃の華やかな戦果を知って、国民は歓喜した。

この機を逸せず慌しく制度を公にしたのは、早くも二階級特進に値《あたい》する抜群の功をたてた者がいたのではないだろうか。

法令は原則として遡及《そきゅう》しない。開戦が秒読みに入った段階での駈け込み発令は、二階級特進制度が、緒戦の真珠湾攻撃に参加する将兵をターゲットにしたことは明らかである。

折りから六隻の空母を基幹とするわが大機動部隊は、北太平洋を刻刻と南下しつつあった。しかし、空母から発進する飛行機搭乗員は制度になじまない。真珠湾に殺到するのは三百数十機、搭乗員は七百人を越える。その中から個人の勲功を抽出することは不可能だ。勲功は集団に帰属する。

彼らが制度になじまないもう一つの理由がある。抜群の功があっても、生還した者は進級しない。生存中の進級に特例をみとめると、軍隊の組織そのものが揺らぐ。彼らの出撃は生還することを前提とする。二階級特進、すなわち戦死をあらかじめ期待することはできない。

＊

日本海軍には、もう一つの極秘行動があった。ハワイ沖の海中を密《ひそ》かに真珠湾口へ接近しつつある五隻の大型潜水艦がいたことであった。

空母機動部隊から発進した日本機の攻撃をうけるハワイ真珠湾

各艦の上甲板には、親亀の背に乗る子亀のように異《い》形《よう》の構造物が搭載されていた。二人乗りの豆潜水艇である。五艇で十人の任務は、密かに湾内に進入し開戦の時を待って在泊するアメリカ海軍の主力を攻撃することだ。十人は特別攻撃隊と呼ばれていたが、集団に埋没することのない個個の勇者であり得る。

彼らが配乗する親潜水艦（母潜）とその官氏名を掲げる。

伊号二二潜水艦に、海軍大尉岩佐《いわさ》直治《なおじ》と海軍一等兵曹佐々木《ささき》直吉《なおきち》。

伊号一六潜水艦に、海軍中尉横山正治《よこやままさはる》と海軍二等兵曹上田《かみた》定《さだむ》。

伊号一八潜水艦に、海軍中尉古野《ふるの》繁実《しげみ》と海軍一等兵曹横山薫範《よこやましげのり》。
伊号二〇潜水艦に、海軍少尉広尾《ひろお》彰《あきら》と海軍二等兵曹片山義雄《かたやまよしお》。
伊号二四潜水艦に、海軍少尉酒巻和男《さかまきかずお》と海軍二等兵曹稲垣清《いながききよし》。

彼らの任務は、きわめて困難かつ危険だ。生還する確率は限りなくゼロに近い。だから二階級特進によくなじむ。駈け込み制度が十人をターゲットにしたことは疑う余地がない。

しかし、開戦劈頭《へきとう》になぜ十人の若者を二階級特進で飾らなくてはいけないのか。

英米を敵として戦うからには、長期にわたって困苦に耐えなくてはならない。国民がついてくるだろうか。戦争を指導する上層部にそんな不安があって当然だ。戦う日本人の理想像を示さなくてはならなかった。

「軍神待望論」は自然発生的に高まった。十人の若者は、いつしか軍神予定者に組み込まれていった。彼らの任務は遠く祖国をはなれて三千浬、ただただ真珠湾に死ぬことだった。

その真偽を糺《ただ》すことこそ、特別攻撃隊の若者たちへの鎮魂の道と信じて稿を進める。

第一部

1　軍極秘

その日、第一水雷戦隊の旗艦「阿武隈《あぶくま》」では通常日課の甲板掃除が行なわれていた。部下を督励する甲板士官酒巻《さかまき》和男の声はいつになく弾《はず》んでいた。それもそのはず、晴れて海軍少尉に任官した昨日の今日だからだ。

「上陸したら写真を撮《と》ろう」

そう思うと、少女の名が浮かんだ。好子とは幼なじみの従妹の名である。淡く甘美な想いはたちまち破られた。

「酒巻少尉、艦長室ニ来タレ」

突然の呼び出しに緊張しながら伺候《しこう》すると、新米少尉にたいして艦長の言葉は、はなはだ歯切れがわるかった。

「たかが一海軍少尉の、おっと失礼、転勤命令が暗号電報で来るとはな」

昭和十六年四月十五日付けで海軍少尉酒巻和男に、水上機母艦「千代田」乗組が発令された。当人には「千代田」という艦名にまったくなじみがなかった。つい二ヵ月ほど前に連合艦隊に艦籍を得たばかりだという。

酒巻少尉は軍港呉《くれ》の沖ノ島小島を背に錨泊しているその艦影を、迎えの内火艇の上から初めて見た。

「変わったフネだなア」

砲塔はないし、艦橋がどこかもわからない。上甲板の中央付近に号令台に似た巨大な構造物があって、探照灯やクレーンを備えつけている。

とくに解《げ》せないのは、捕鯨船の艫《とも》に似た艦尾の構造だ。そこに開口扉がついている。何を収納するのか、何を放出するためのものか。その何かが艦腹に内蔵されているのだろう。水上機母艦とは世間をいつわる仮の名らしい。

軍艦「千代田」は正体不明だ。造型美をことさらに損《そこ》ねたような不気味さが、極秘の赴任をそれとなく納得させた。

内火艇が接舷するころに、巨大な号令台の上に動く人影が目にとまった。木剣を大上段に構えて宙に打ち込んでいる。

「そうだ、あの人だ」

酒巻少尉が海軍兵学校に入学したときの一号生徒で、剣道主任の彼の名は全校に知れわたっていた。六十五期の岩佐直治大尉である。

「おー、来たか。待ってたぞ」

その傍《かたわ》らでにこやかに迎えたもう一人の士官にも覚えがあった。岩佐大尉の一期下の秋枝三郎中尉である。

水上機母艦「千代田」。甲標的母艦に改造され12基を搭載できた

二人はすでに極秘任務のすべてを知っているのだろう。待っていたとは大任を共に果たそうという語りかけにちがいない。

その日に着任したのは士官十名と下士官十二名である。

海軍には退隊者を「帽振レ」で見送る美俗があるが、彼らはその恩恵をうけることなく、元の配置から密かに姿を消した。

そしていま、軍艦「千代田」の艦上に在る。

なぜこれほどまでに極秘裏に事をはこばなくてはいけないのか。その異状を突き止めるには少しばかり時を遡らなくてはならない。彼らの中の若い者は、まだよちよち歩きの幼な児だったはずだ。

2　ネイバルホリデーとその終焉

第一次世界大戦に日本は、日英同盟の誼《よし》みから連合国側に加担した。ヨーロッパの主戦場から遠く離れていたおかげで漁夫の利を得た。とくに海軍はアメリカ、イギリスと並んで世界のビッグスリーに名を連ねるにいたった。

五年もつづいた戦争は、一九一八年（大正七年）にようやく終わったが、列強の建艦競争はいっこうに止む気配をみせなかった。

日本海軍の八・八艦隊構想とは、戦艦「陸奥」や「長門」クラスの大戦艦八隻と「金剛」「榛名」クラスの巡洋戦艦八隻を常備するという壮大なものである。

建艦競争にも仮想敵国を想定することで、一定の規準が生まれる。日本はアメリカを仮想敵国とした。そのアメリカは三年間にわが「長門」級の大戦艦十六隻を造るというとてつもない大計画に着手していた。

それに対応するための八・八艦隊構想と聞けば、納得がいく。しかし、建艦費が国家予算の実に三十二パーセントを占めることになる。これでは国の財政は確実に破綻《はたん》する。軍艦の重みで国そのものが沈んでしまう。

事情はアメリカも同じだった。そうなると軍縮のリーダーシップを握るが勝ちとばかり、アメリカが先頭に立って世界に軍縮を呼びかけた。

これに応《こた》えて各国代表はワシントンに馳せ参じた。一九二一年（大正十年）も終ろうとする頃である。議長国アメリカをはじめ、イギリス、フランス、イタリー、オランダ、ポルトガル、中国、そして日本の九ヵ国がテーブルについた。

日本はときの海軍大臣加藤《かとう》友三郎を全権代表として派遣した。

ワシントン会議第一日。U字形の向側の左２人目が加藤友三郎

「厄介な男を寄越したものだ」

各国代表のいつわりない感懐である。加藤はかつてわが東郷艦隊の参謀長として、対馬沖にバルチック艦隊を撃滅し、勝利の余勢を駆って八・八艦隊構想を推進した男だったからだ。アメリカ大統領ハーディングの開会スピーチを要約する。

「当会議の開催は二十世紀文明が良心に目覚めた結果であり、国際協調による平和を確保せんがためである」

そして議長国アメリカは、いきなり軍縮の大鉈《おおなた》をふるった。日英米三国の戦艦六十六隻百九十余万トンを、一挙に破棄しようという爆弾宣言である。日本海軍の八・八艦隊構想など、たちまち粉砕されてしまう。

ビッグスリーといっても、イギリスは先の大戦で疲弊していたから、ワシントン軍縮会議の実態は日米両国のせめぎあいである。日本は真っ向からアメリカに挑みかかるだろう。各国代表は会議の決裂を恐れて固唾《かたず》をのんだ。

加藤はやおら第一声を発した。

「日本は主義として米国の提案に賛成します」

場内に万雷の拍手と讃嘆の声がわいた。

加藤はハーディングのスピーチに酔ったのではない。大統領の地位に在る者が、ナショナルインタレストを放棄してまで平和人道をとなえるわけがない。その意図は世界の三大海軍国にのし上がってきた東洋の新興国日本を掣肘《せいちゅう》することだ。

加藤は委細承知のうえで、自らの八・八艦隊構想を破棄した。それが日本の国益に適《かな》うと確信したからである。

しかし、禍根を残したのは主力艦（戦艦、巡洋戦艦）の保有率だった。最終的に日本は米英にたいして五・五・三の劣位にとどまることで結着した。海戦の勝敗は巨砲の巨弾で決まる、それ以外には考えられない時代のことである。

「六割海軍では国を護れない」

艦隊派と呼ばれる強硬派は、条約反対の声を荒げた。その一方で、条約は日本を制約するのではなく、逆に英米を日本の六分の十に制約するのだと評価する者もいた。彼らは条約派と呼ばれた。

帰国した加藤は海軍大臣の職に復帰して、日本海軍という栄光の一枚岩を割る愚を戒《いまし》めた。

「これからは、戦さに勝とうと努力するよりも、いかにして戦争を避けるかを考えなくてはいけない」

＊

日本のあちこちの浜辺で、漁師たちが沖にとどろく爆破音を、複雑な思いで聞いていた。ワシントン軍縮会議で廃棄することになった軍艦を海軍は自ら葬った。まもなく完成することになっていた戦艦「土佐」も自沈した。

ワシントン会議全権・加藤友三郎

漁師たちは沖に向かって合掌した。名前まで付けてもらったのに産声《うぶごえ》をあげることのなかった水子《みずこ》への哀悼に似た感傷である。

沈んだ艦艦《ふねぶね》はやがて魚礁となって日本の海を豊かにするだろう。世界はネイバルホリデー（海軍の休日）を迎えた。

日本のネイバルホリデーは、いつまでつづいたのだろう。海軍兵学校の採用人数で検討してみる。江田島につどう未来の将校生徒が年間わずかに百二十人という少人数クラスが、ワシントン軍縮条約以後、満州事変が勃発した昭和六年まではつづいている。戦争を避けようという加藤友三郎の遺訓がどうにか命脈を保っていたとみていい。

ところが、その前年に日本海軍は危機に直面した。巡洋艦以下の補助艦艇に関する軍縮会議がロンドンで開催された。日本海軍はまたもや米英にたいして六割強の低比率にあまんじた。艦隊派はいきり立った。

「政府代表が艦艇量について勝手に条約を結ぶのは統帥権の干犯《かんぱん》である」

天皇の大権をやたらと振りまわすのは甚だ危険だ。下剋上のテロリズムさえも正当化して、総理大臣を暗殺するという忌わしい五・一五事件を誘発してしまった。

日本海軍という一枚岩は、真ッ二つに割れた。かたや戦争には勝たなくてはいけないと激し、かたや戦争は避けなくてはいけないと冷《さ》めた。この国の風土は、避けるよりも勝つ方が男らしいという美意識を育んできた。そして、日本の孤立化が進むと、国民はいよいよ悲壮感にまぶされた。戦って力尽きても民族の魂は滅びない。しかし、戦うことなく敗れると、真に亡国の惨《さん》をまねく。

「日米もし戦わば」――そんな題名の物語に、少年雑誌の読者は熱狂した。

いざそのときを迎えたら、十割海軍のアメリカ艦隊は、西へ西へと攻め下ってくるだろう。迎え撃つ六割海軍の日本は、その間にゲリラ的な奇襲攻撃を反覆強行して、敵の戦力を徐々に減殺する。

そして、敵がわが本土に到達するころには、その戦力を八割に、できたら七割にまで落として艦隊決戦を挑む。これが長年にわたって日本海軍が信奉してきた漸減《ぜんげん》作戦である。

しかし、アメリカ艦隊が遠征途上にどれほど消耗したとしても、六割海軍では勝てない。

これが軍縮に反対してきた艦隊派の一貫した論拠《ろんきょ》である。

西進してくるアメリカ艦隊を、さらに一割か二割減殺する作戦はないものか――六割海軍にとっては切実な課題であった。

3 機密兵器

軍艦「千代田」の艦内スピーカーが鳴った。

「第二期講習員、艦長室ニ来タレ」

任務の何たるかも知らされずに「千代田」乗組を命ぜられた士官十名と下士官十二名は、第二期講習員と呼ばれた。艦長原田《はらだ》覚大佐は彼らを集めて訓示した。

「着任ごくろう。さすがだ。みんないい面魂《つらだましい》をしとる。いいか、よく聞いてくれ。

帝国海軍には強大な威力を発揮できる機密兵器がある。諸君も承知しているように、ワシントン軍縮条約以来、われわれは一方的に不利な条件を押しつけられてきた。この重圧をはね返すべく、窮余の一策として生み出したのがこの秘密兵器である。

その正体は水雷型の豆潜水艇だ。本艦はその母艦である。敵の艦隊を射程距離内に捕捉するなり、母艦からばら撒《ま》かれた豆潜水艇が敵艦隊の主力に殺到して必殺の魚雷攻撃を敢行する。

諸君は、その搭乗員として、特に選ばれた栄誉ある帝国海軍軍人である。任務完遂のために、本日ただいまより研鑽《けんさん》努力されたい。頼むぞ！」

その席に岩佐大尉（兵学校六十五期）と秋枝中尉（同六十六期）の二人の第一期講習員も立ち会ったから、艦長の訓示を聞いたのは士官十二名と下士官十二名になる。

艦内には同じ十二の数にちなんだ場所があった。吃水線《きっすいせん》よりやや高い位置にある格納庫には三条のレールが敷かれていて、それぞれが四つに区切られている。三の四で十二になるが、格納庫はがらんとしていて、長さ二十メートルほどの物体がシートに覆《おお》われて、一基だけ片隅に据えられていた。

残る十一基は目下、大至急で建造中だという。

シートが剝《は》がれた。妖しく黒い異形《いぎょう》の鉄塊《てっかい》に、新参の第二期講習員は一瞬、息をのんだ。

帝国海軍の期待をになった機密兵器とはこれだ。中ほどの突出部が司令塔だと聞いて、水雷型の豆潜水艇だと確認できた。

搭乗員は司令塔のハッチから出入りするという。艇長の士官と艇付の下士官が二人でペアを組むから、十二組の操縦要員と十二基の豆潜水艇とは数が合う。

原田艦長は母艦からばら撒《ま》くと言ったが、あれは単なる言葉のあやではない。敵前でもたもたしていたら、戦機を逃す。艦尾の開口部へ傾斜角十度の甲板をすべらせて、十二の豆潜水艇をすべて洋上に放つのに十分以内となると、一艇にわずか数十秒という迅速な作業が要求される。しかし、四十二トンもある重量物を移動するのは容易ではあるまい。

初見参の第二期講習員は潜水艦の経験者ばかりではない。初めて海にもぐる者には不安がいっぱいだ。

こんな真っ黒い鉄のかたまりで潜航浮上が思うようにできるのだろうか。

全長わずかに二十四メートル、直径一・八メートルという超小型豆潜水艇に二本の魚雷を詰め込んだら、残りのスペースは少ない。必要なだけの注排水タンクを備えつける余地があるだろうか。

軍艦「千代田」艦長・原田覚大佐

開発の途上で、この鉄の怪物には試行錯誤が繰り返されてきたにちがいない。完成度百パーセントは望むべくもないが、どの程度の改良段階で十二組の講習員にゆだねられたのだろう。

ここまでくるには長い道程があった。

4　甲標的

ワシントンとロンドンで軍縮のダブルパンチを食らった日本海軍が、国防の前途を憂えていた折りも折り、人間魚雷の構想が提案された。昭和六年（一九三一年）の暮れ近いころである。

案は魚雷の中に魚雷があり、人間が親魚雷を操縦して子魚雷を発射するというものであり、主力艦と主力艦の艦隊決戦に先んじて威力を発揮する期待にあふれたものだった。

提案者横尾《よこお》敬義大佐はそのときすでに退役している。軍縮は大量の人員整理をともなった。もしネイバルホリデーがなかったら、横尾大佐はさらに昇進して提督となり、海軍軍人としての輝かしい日々を送っていただろう。

憎きは五・五・三、恨みはワシントンに在り。それが憂国の至情を激発した。これこそ救国の兵器と確信しての提案だったが、搭乗員が生還できないとなると兵器として失格だ。

「ご懸念には及びません。攻撃終了後は洋上に漂泊して救援を待ちます。駈けつけた駆逐艦が人員だけを収容して艇はその場に放棄します」

そんな大雑把《おおざっぱ》なことがまかり通った。ときの軍令部総長も海軍大臣も必死兵器ではないことを確認して、研究開発申請を決済した。異例の早さである。

ゴーサインが出たからには新案人間魚雷にも名が要る。名付け親はさだかではないが、H金物とは恐れ入る。聞いても何のことか見当もつかないのに、関係者がそれを口にするときは、みな声をひそめたという。

人間魚雷の開発をこれほどまでにひたかくしに隠したことは、それだけ期待が大きいということだ。もしバルチック艦隊との決戦にH金物を活用できたら、わが東郷艦隊の砲弾使用量は半分以下でたりただろう。

しかし、時は過去へもどることはない。ひたすらに未来をたぐる。未来は日々進歩してやまない。たとえば飛行機だ。布張複葉固定脚があっというまに金属単葉引込脚になり、戦力は飛躍的に向上した。

海戦の様相も刻刻と変化する。即応できないH金物は、早くも過去に押し流されつつあった。

悲運はそれだけではなかった。H金物は人間が操縦するのだから、艦艇あつかいとして造船部門の担当にならなくてはいけないのに、手続き上の誤りから、兵器部門に開発をゆだねられた。(板倉光馬元潜水艦長述)

そのために、H金物は艦艇ではなく水雷兵器の烙印《らくいん》をおされ、試作にあたって保安上の諸問題はほとんど無視された。

呉海軍工廠に下令された主な要求は、つぎの通りである。

排水量　四十二トン
全長　二十三・三メートル
直径　一・八メートル
安全潜航深度　百メートル
電動機　六百馬力
水中最大速力　二十五ノット
航続力　二十二ノットで五十分
　六ノットで八時間
蓄電池　二百二十四ボルト（二百二十四個）
発射管　五十三センチ二基
魚雷　駛走距離五千メートル
　炸薬量三百キロ
乗員　二名

最後に人間が出てきた。まるで備品あつかいだ。技術陣にしても要求された過重の項目と性能をこなすのに精いっぱいで、人間のことは二の次にならざるを得なかった。

水中速力は当初の計画では三十ノットになっていた。重巡なみの高速とはおどろくが、H金物は外洋で隠密裡に敵の主力艦を襲うのだから、相手の速力にまさる水中速力を必要とすると聞けば納得がいく。

設計開始から一年余りして、昭和八年（一九三三年）の八月には試作艇が完成した。無人航走は成功したので、試験要員として潜水艦乗りの加藤良之介少佐と原田新機関中尉が任命された。

実験の結果を要約すると、備品あつかいにされた人間から猛反発をくらった。加藤少佐の痛憤を聞こう。

「こんな兵器は完成しても使い物にならん」

最大の欠陥は動力として使用された電池である。小型で容量の大きい特D型電池は大いに期待されたが、意外に水素ガスの発生が多く、たびたび爆発事故を起こした。

乗員は無事でも、すべての機能が停止する。試作艇には通信設備がなかった。スペースがないというのがその理由である。

これでは事故が起きても連絡のとりようがない。原田機関中尉もアタマにきた。バカにするなと辞表を叩きつけた。

H金物の開発は一時中止せざるを得なかった。

技術陣にも意地がある。

戦争とは別の次元で、彼らには技術の進歩にたいする学究的な情熱があった。失敗をくり返しながらも、水素ガス吸収装置の開発に成功した。

それだけではない。潜水艦用五十三センチの大型魚雷を、航空機用四十五センチの小型魚雷に換えることで、貴重な余剰《よじょう》スペースが生まれた。通信装置もそなえられるし、空気清浄機もつめた。航続力は七ノットで十六時間というから、倍以上も伸びたことになる。

技術陣の研鑽努力は多とするが、第一次試作艇の失敗から四年の空白がある。しかし遅きに失したと嘆くことはなかった。折りから無条約時代に突入して対米関係は悪化するばかり、情勢の変化がH金物の復活をもとめてやまなかった。

第二次試作艇は開戦の日をさかのぼること一年八ヵ月、昭和十五年（一九四〇年）の四月に完成した。このときも試験要員として元潜水艦乗りが選ばれた。関戸大尉と堀機関中尉である。

前回とは実験のムードに格段の違いがあった。

第一次試作艇はなにもかも初めてのことだから、艦政本部も技術陣も試験要員が指摘する艇の欠陥を素直にみとめた。使い物にならんと言われて、あっさり開発を中止したほどである。

しかし、第二次試作艇は技術陣の自信作だし、艦政本部の意気込みがちがった。ふたたび中止するようなことがあっては、艦政本部の名折れだ。多少の欠陥が報告されても試験要員の技量未熟で突っぱねた。

名もあらたに甲標的と改称した。甲標的は幻想の域から脱け出した。軍極秘のヴェールに包まれたまま、救国兵器として現実のものとなりつつあった。

甲標的甲型。全長23.9m、乗員２名で艇首に魚雷２本をもつ

伊予灘を全速二十ノットで航行する母艦「千代田」は、長い航跡波を曳いていた。その白い渦に黒い鉄塊が投下された。中には人間が乗っている。試験要員の関戸好密大尉と堀俊雄機関中尉が。

甲標的の初めての有人投下実験を見ようと、艦政本部の担当官と呉海軍工廠の技術陣ばかりか、軍令部や呉鎮守府の高官も立ち会っていた。

甲標的が投下されたその一瞬、みなが息をのんだ。四十余トンの重い鉄塊はそのまま沈んでしまうのではないかと。

「見ろ、あそこだ」

白い航跡波の外側にうねる青い海を切りさいて、潜望鏡が追ってくる。二十ノットで走る母艦との距離がぐん

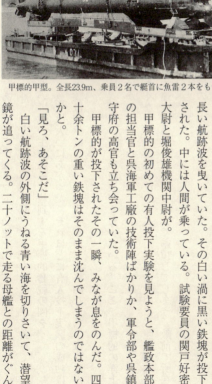

ぐん縮まる。甲標的の方が早い。あっぱれ二十五ノットの全速を出している。甲標的は難なく母艦を追いぬいた。「千代田」艦上に歓声がどよめいた。立ち会っていた高官はみな想い描いたにちがいない。敵の主力艦隊に殺到する甲標的奮戦の図を。

五・五・三なにするものぞ、と意気は大いにあがった。それほどに有人投下実験の成功は関係者を勇気づけた。しかし、実験は初歩的な第一歩にすぎない。本格的なテストはこれからだ。

豊後水道を南へ下った土佐沖は、すでに外洋の高波がうねっている。ここで甲標的の洋上襲撃実験がおこなわれた。結果はかんばしくなかった。

波が高いと甲標的は動揺が大きくなる。小型艇の泣きどころだ。そのために、照準が難しくなる。目標を確認しようとして速度を落とすと、司令塔まで露頂してしまう。敵前で所在を明かすようでは処置なしだ。

関戸大尉と堀機関中尉は、忌憚《きたん》のない意見を吐いた。

「要するに、このままでは使い物にならんということです」

はっきり物を言うのが実験要員としての任務である。

しかし、艦政本部は頭ごなしに決めつけた。

「艇の欠陥に非ず、技量未熟なり」

ひとたび甲標的の魅力に取りつかれると、かんたんには白紙に戻れなかったようだ。気持はわからないでもない。明治の海戦思想が、そっくりそのまま受け継がれているから、五・五・三の劣勢は致命的だ。そこに登場したのが救国の新兵器である。あっさり諦めるわけにはいかない。

それどころか、期待はエスカレートして、これさえあれば米英恐れるにたらずとまで過信するようになった。

実験が終了して、搭乗員を養成する時期がきた。二人の実験要員は後進を指導する貴重な存在である。ところが、関戸大尉と堀機関中尉は、命により遠く他へ転出した。理由は問うまでもない。実験要員として任務に忠実であり過ぎたからだ。

二人が去ってまもなく、甲標的は正式に兵器として採用され、その日のうちに岩佐中尉(そのときの階級)と秋枝中尉が母艦「千代田」に着任した。昭和十五年十一月十五日というと、開戦までわずか一年しか残されていない時期である。

第一期講習員と呼ばれた両人の任務は、実験ではない。訓練である。試作艇から兵器へと格上げされたが、甲標的の欠陥は依然としてそのままだ。しかし、訓練となると、ひたすら練度の向上につとめなくてはならない。練度とはメカの欠陥を、人間が補うことである。

五ヵ月遅れて第二期講習員が着任した。岩佐大尉は先任者として厳しく訓示した。

「甲標的は相当に手ごわいが、選ばれた者の誇りと面目にかけても乗りこなせ。思いのままに動くように手なずけろ」

「千代田」乗組を命ぜられたそのときから、彼らの行動は極秘である。ふたたび他に転ずることはない。ここが彼らの最後の戦闘配置だ。

軍極秘が海軍軍人にあたえる心理的インパクトは、絶大だ。選ばれた者の誇りは決意をうながした。

「誓って国家の柱石《ちゅうせき》たらん」

5　迷走する赤い浮標

母艦「千代田」は甲標的を満載した。格納庫の十二の区画はすべて埋められた。士官十二名と下士官十二名が艇長と艇付の固有のペアを組んだ。

彼らが搭乗訓練を開始したのは、真珠湾攻撃の日から、わずか半年ほどをさかのぼる緊迫した時期だった。以後の日付はとくに記さないかぎり、すべて昭和十六年（一九四一年）である。

訓練の状況を、私は当事者から直接にきく機会を得た。海兵六十八期の八巻悌二元海軍少尉（終戦時大尉）は、「千代田」艦上に結集した十二名の士官の一人である。開戦の翌年にシドニー湾攻撃作戦に参加したが、発進直前に艇が故障して、はからずも生きながらえた方で

秋枝三郎大尉。山口県出身

ある。

　氏と膝をまじえたのは戦後十五年ほどしてからだが、生き証人との語らいは雑談も聞き逃すわけにはいかない。

「父は海軍機関学校の一期生です。中島知久平さんとは同期の間柄でした」

　中島知久平とは富士重工の前身、中島飛行機の創設者である。八巻氏の父なるお方も海軍でそれ相当の地位にあった人だろう。そのことが私の既成概念に抵触《ていしょく》した。甲標的の搭乗員に選ばれたのは、地方出身の庶民階層に属する青年たちだと思い込んでいたからである。

　ちなみに、開戦劈頭《へきとう》の真珠湾特別攻撃隊の十人をあたってみよう。

　岩佐直治大尉は群馬県、艇付の佐々木直吉一曹は島根県。

　横山正治中尉は鹿児島県、艇付の上田定二曹は広島県。

　古野繁実中尉は福岡県、艇付の横山薫範一曹は鳥取県。

　広尾彰少尉は佐賀県、艇付の片山義雄二曹は岡山県。

酒巻和男少尉は徳島県、艇付の稲垣清二曹は三重県。

士官も下士官もみな地方の出身である。さらに言うと、後にシドニーを攻撃した松尾敬宇大尉は熊本県、中馬兼四大尉は鹿児島県、遠くマダカスカルを衝いた秋枝三郎大尉は山口県である。

大都市出身者が、一人もいないのは偶然ではあるまい。意図があっての結果だと思う。軍神という呼び名がいつの時点で取り沙汰されたかはさだかでないが、彼らが二階級特進のターゲットになっていたことはまちがいない。

戦時下、日本の国民的英雄は、国民の大多数がしめる庶民のなかから誕生してこそ戦意昂揚に大きく貢献するだろう。大都市の市民社会には多様の価値観が混在していて、素朴な迫力に欠ける。軍神が誕生する風土としては、大都市より地方がはるかに勝っている。

八巻氏の出身は異例ではあるが、貴重な証人であることに変わりはない。私は彼らが極秘あつかいで選抜された規準についてご教示を乞うた。氏の答を分析してみる。

「身体強健にして意志強固、気力旺盛にして攻撃精神に富む者」

当然だと思う。

「独身で家庭的に後顧《こうこ》の憂いのない者」

特殊潜航艇（甲標的）

1　出入孔のハッチは、肥満した大人では出入り出来ない。
2　艇長は立ったまま、艇付は機器の上に小さい板を置き腰掛けている。
3　休憩は機器を掴まえ、または寄りかかり、手足の関節および腰の力を抜いて行なう。

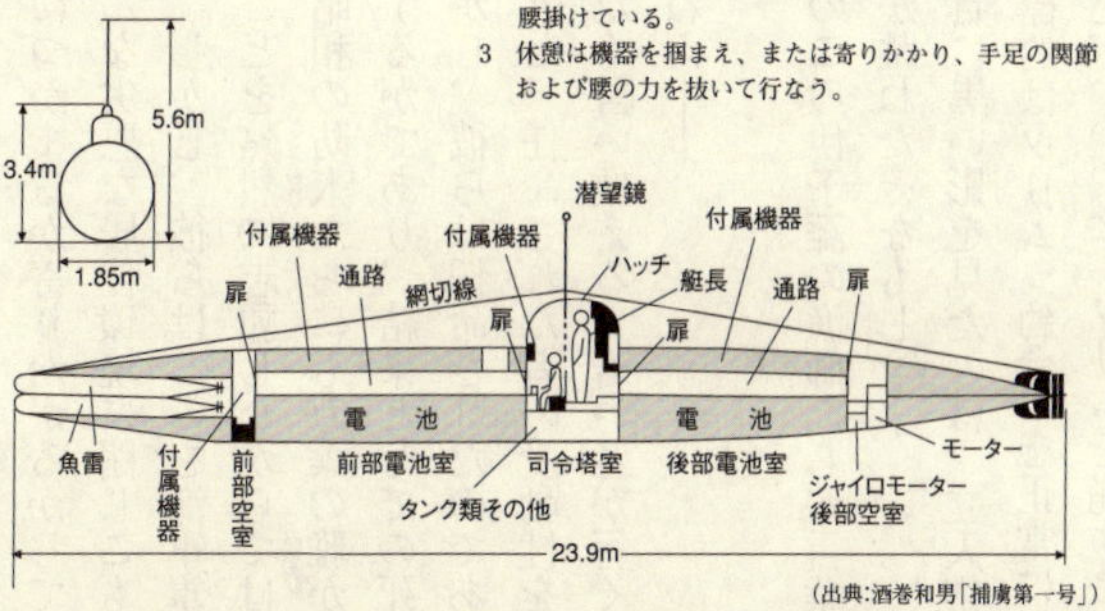

（出典：酒巻和男「捕虜第一号」）

にわかに事は改まる。戦死する確率が、きわめて高いことを意味するからだ。もしかして上限なしの確率百パーセントではなかったのか。それがわが執筆のそもそもの動機である。八巻氏へのインタビューがきわめて重要になってきた。

氏は淡々と語った。文中の昂ぶった表現は、すべてこちらの主観である。

甲標的は魚雷の形をした豆潜水艇だ。筒状の狭い空間を、二本の魚雷発射管と注排水タンクと必要不可欠の機器にさくと、残るスペースはわずかしかない。司令塔のハッチの直下に操縦室がある。

艇長は立ったままで潜望鏡を操作し、艇付は機器の上に板をおいて腰かける。艇長は航法の指揮・対勢観測・目標の照準・無線通信を担当し、艇付は操舵・速度管制・深度調節・魚雷発射・艇内空気の調節などを受け持つ。

それぞれの仕事量は、大型潜水艦の数十人分を超えるだろう。たいへんな激務だが、心身の疲労を癒すにも体を横にするだけのスペースがない。機器につかまるか寄りかかるかして、手足や腰の力を抜くのが精いっぱいだ。

こんな劣悪な居住環境に閉じこもったまま数時間、ときには昼夜を耐えぬかなくてはならない。しかし、彼らはここを海軍軍人としての栄《は》えある戦闘配置と心得た。甲標的搭乗員となることを熱烈に志願したからではない。彼らは海軍大臣の名で任命された。まけのまにまに、昭和の防人《さきもり》たちにも万葉の雅《みやび》がこよなくなじむ。彼らが思い願うのはいかにして任務を全うするかであり、結果としての死は問うところではなかった。

しかし、彼らは任命されたのであり、帝国海軍が彼らを任命したのである。任命した者の主体性と、任命された者の受動性を混同するようなことは絶対にあってはならない。

平たく言い換える。若い者が行くと言ったから行かせたなんてことは、金輪際《こんりんざい》、言っちゃならねえ——。

*

そのころ伊予灘の漁師たちが言葉を交わしていた。

「鯨が跳ねたぞなもし」

遠目に黒い影を見たのは、立入禁止になっていた海軍の訓練海域だった。

甲標的はツリム（釣合）を正常に保つのがむずかしい。浮力や速力を加減しながら調整するのだが、いったんツリムを崩すと、海面に跳び出してドルフィン（いるか）運動をくり返す。

そうなっては、自慢の隠密性も台無しだ。

漁師が跳ねる鯨とみたその艇の中で、二人の搭乗員は必死に動いていた。人間一人がやっとの通路を四つんばいになって、鉛塊バラストを移動して浮力タンクに注水した。

海中でモーターを停止して、艇を静止状態におけば、ツリムの調整作業が楽《らく》になるのではないか。私の先ばしった質問に八巻氏は首をふった。

「ハンギングはできません」

ハンギングとは海中で宙に静止することをいう。それができないとなると、浮上するか着底するかだ。後後のためにこのことは記憶に留めておこう。

潜航速力三十ノットはすごい。他国の海軍に例のない猛スピードだと語るとき、八巻氏の表情が誇らしげに見えた。

来襲する敵の主力に殴り込むのだから、高速を必要とするのはわかるが、潜航しても水上と同じような猛スピードを出せるのはなぜだろう。

「二次電池を使用しているからです」

問題は二百二十四個もの電池をつんでいることだ。ドルフィン運動を起こしたときなど、電池はどうなるだろう。倒れないまでも異変が起きないだろうか。水素ガスの発生は常時避けられなかったというし、吸収装置をそなえていても、完全とはいえまい。艇内の空気がにごっても、浮上してハッチを開けるわけにいかない。訓練は実戦と思え。隠密潜航こそが甲標的の存在理由である。

伊予灘と豊後水道を北と南に区切って、細く長く西に突き出た佐田岬半島の中ほどに、三《みつ》机《くえ》という漁村があった。昭和十六年の夏を迎えるころ、いつとはなく三机の沖に呉丸という古ぼけた船が錨泊するようになった。

二千トンほどだから曳船としては大きい方だ。舷側にはシートをかぶせて世間の目をおおうように数艇の甲標的が繋留《けいりゅう》されて、ここに搭乗員が起居していた。訓練海域が近いからだ。

金魚ブイの愛称がある赤い浮標が海面を跳びはねるように突っ走った。海面下の甲標的が曳航しているのだ。追躡艇《ついじょうてい》もスピードを上げて金魚ブイを追った。訓練中の万一の事故にそなえて、甲標的の所在位置を確認しておくためである。

その日の訓練項目は、全速潜航中の旋回運動である。金魚ブイは海軍専用の訓練海域と娑《しゃ》婆《ば》の海との境界付近を走っていた。搭乗員が現在位置を誤認したのか、金魚ブイは訓練海域の外に飛び出すように大きく弧を描きはじめた。

小回りがきかないから、ますます娑婆の海へ進入していく。

追躡艇は発音弾を投下して警告しようとしたが、近くに漁船が走っている。ためらいながら金魚ブイを追っていると、たちまち漁船に接近した。

取り舵いっぱいで危うく難をさけた。漁船に被害はなかったはずだ。こちらも無事だと思ったが、浮上した甲標的は頭部に魚網の切れ端を突っかけていた。

漁師に詫びると甲標的の機密が保てない。頬っかむりをすると、かえって疑われる。事後の処置について甲論乙駁《こうろんおつばく》、ついに結論が出なかった。

先任の岩佐大尉が当面の沈滞《ちんたい》をやぶった。

「風呂にでも行って来い」

バスという海軍の慣用語をあえて使わなかったのは、三机村に一軒しかない岩宮旅館の風呂をつかわせてもらっていたからだ。

一度に全員というわけにいかない。横山中尉以下の数名が伝馬船を漕いで港へ向かった。

三種軍装はいわばふだん着である。婆婆に出てもそれほど目立たない。

波止場に上がると数人の漁師たちがやって来た。訓練の邪魔をしたお詫びだとかで、目の下一尺もあるみごとな鯛を二尾も差し出した。

詫びるのがあべこべだ。非は海軍側にあるから辞退した。

すると漁師たちは、哀願するかのように貰《もら》ってくれと頭をさげた。後難を恐れているのだ。海軍を誤解している。対応如何《いかん》では、漁師たちの疑心暗鬼はさらに増すだろう。肝心なことは如何《いか》にして訓練の機密を保つかである。

横山中尉は薩摩《さつま》隼人《はやと》のイメージにそぐわないソフトムードをまとっている。温顔をほころばせて語りかけた。

「ま、ま、聴きなさい」

かつて戦国大名に伍して瀬戸内に勢力を張った村上水軍とは、伊予のこの地を根じろにして、ときあらば戦い、ときなくば漁《すなど》る海の男たちだった。

「むかしは村上水軍、いまは日本海軍、あんたたちは村上水軍の子孫ぞなもし」

この殺し文句がきいた。戦うと漁《すなど》るのちがいはあっても、海に生きる男にかわりはない。そんな仲間意識をあおられて、漁師たちの気分はすっきりと晴れた。

「海軍さんとわしらは同じ身内ぞ。遠慮は水くさい。さ、さ、貰《もろ》うてくれ」

こうなったら貰《もら》うしかない。その後、漁師たちが、呉丸にすむ若者たちの動静を詮索するようなことはまったくなかった。おかげで機密は保たれた。横山中尉のお手柄である。

岩佐大尉は、この後輩を頼もしく思った。後輩は先輩に敬愛の心を返した。こういう間柄の男たちにとって、共に戦うとは共に死ぬことを意味する。そういう時代だった。

三机沖での訓練はさらにつづいた。真夏の光がふりそそぐ伊予灘の海面下三十メートルを、巨大な海獣を思わせて甲標的がいく。深度の乱れはなくツリムも安定していて、艇の駛走《しそう》状態はいたって良好だ。ジャイロコンパス（転輪羅針儀）の針は、ぴたりと所定の針路を指している。

艇長は現在位置を算出した。艇は伊予灘のどまん中あたりを潜航しているはずだ。

ところが海上の金魚ブイは、無人の小島の断崖へ向かって突進していた。追躡艇《ついじょうてい》が発音弾を投下した。警告に気づいて艇は緊急浮上した。モーターを停止しても、甲標的はすぐには停まらない。惰力《だりょく》距離が長いのだ。それに舵の効きが鈍《にぶ》いから、回頭性能に劣る。艇は岩礁に腹をこすってようやく停止した。操縦ミスではない。ジャイロコンパスの故障だ。

金魚ブイが同じ場所をぐるぐる回って、円運動を起こすこともあった。これもジャイロコンパスの故障だ。潜航中に故障されると、搭乗員は、突然、目がみえなくなったようなものだ。方向がわからなくなる。こんなことでは甲標的に戦果を期待するのはむずかしい。

戦艦の主砲は、飛躍的に着弾距離をのばしつつある。砲撃戦がはじまってからではおそい。それ以前に目標に到達するとなると、甲標的は水平線に敵を見るはるか以前に行動を起こさなくてはならない。

母艦を発進したら、ひたすら隠密潜航だ。発進時に指示された針路を正確にキープして、敵影を視認できる地点にまで近接したと判断したとき、潜望鏡を露頂する。そして、すばやく絶好の射点に占位して、必殺の魚雷を放つ。これが甲標的の基本的な戦闘方式だ。

ジャイロコンパスの故障は、致命的なダメージをもたらすだろう。そのことをたびたび上申したが、ついに抜本的な対策はとられなかった。故障の原因がわからない、それが無策の理由とは無惨である。

しかし、搭乗員たちは挫《くじ》けなかった。新兵器に故障はつきものだ。腕を磨けばなんとかなる。漠然とした希望ではない。そうしなくてはいけないという使命感に発した決意である。

もしここで甲標的の作戦参加を中止するようなことになったら、ふたたび五・五・三の劣勢を嘆くしかない。戦うことなく敗れるようなものだ。そんな屈辱を許してなるものかと、呉丸につどう若者たちは奮いたった。猛訓練に耐えてきた者の意地である。

母艦「千代田」を目標艦にして総仕上げの綜合演習がおこなわれたが、ほとんどの艇が魚雷を命中させるという好成績をおさめた。救国兵器の名に偽《いつわ》りはない。大いに戦果を期待できると軍令部はいっそう乗り気になった。

洋上襲撃訓練の全過程を終了して、十二チーム二十四名の搭乗員は呉丸のサロンに集まり、訓練中に一人の殉職者も出さなかった幸運に感謝して盃を上げた。そして、次席の秋枝中尉がふたたび音頭をとり、いつの日にか訪れる戦場での活躍を誓って乾盃しようとすると、岩佐大尉が待ったをかけた。

「予定の訓練が終わるまではと黙っていたが、これからの海戦に主力艦を基幹とする艦隊決戦が起きるだろうか、はなはだ疑わしい」

同じ疑問を抱いている者も少なくなかった。航空機が目ざましい進歩をとげつつある。海戦の様相はがらりと変わるだろう。艦隊決戦が起きないとなると、甲標的の出番はなくなる。虚《むな》しさが突き上げてきた。

「猛訓練は一体《いったい》何のためだったのか」

(甲標的に関するドキュメントは、栗原隆一氏の著作「甲標的」を参照しました)

6　敵は泊地に在り

昭和十六年は早くも九月を迎えた。廟議《びょうぎ》は極秘裏に対米国交断絶を決している。世相は日ごとに緊迫の度を加えつつあった。

甲標的搭乗員は呉丸を引き揚げて、母艦「千代田」にもどった。しかし配置があるわけではない。無聊《ぶりょう》をかこつ日日がつづいた。

軍港呉《くれ》にはあわただしく戦雲がただよいはじめた。駆逐艦は舷側の艦名や煙突の白線を消し、潜水艦は物資の積み込みに忙しい。内火艇がなにやら急をつげて、サイレンを吹奏《すいそう》しながら泊地を走りまわる。

刻刻と臨戦態勢がととのえられていくのに、列外に立たされた甲標的搭乗員は焦燥感にさいなまれた。せっかくの訓練を活用する道はないものかと、けんめいに模索した。

「あっちがやって来んのなら、こっちから出かけるしかない」

そんな素朴な発想からはじまった。

「敵の艦《ふね》はどこにいるだろう」

「軍港だ。必ず敵の主力艦が碇泊している」

暗黙のうちに、それぞれの思いが一つにかたまっていった。みなの眼が岩佐大尉に集中した。

大きくうなずいた岩佐の口からほとばしった。

「行こう、真珠湾！」

＊

時を同じくして、ほかにも真珠湾攻撃を企図している者がいた。連合艦隊司令長官山本《やまもと》五十六である。

そのハワイ大空襲計画は超極秘である。「千代田」艦上の若者たちが知るはずはない。だから彼らは、われひとり真珠湾を衝《つ》くと気負い立った。

＊

岩佐大尉は行動計画書を、「千代田」艦長の原田覚大佐に提出した。

「なに、真珠湾?!」

「甲標的を有効につかえるのは、ここしかありません」

原田艦長は破天荒な行動計画にとまどった。潜水艦で運ぶと事もなげにいうが、甲標的は四十トン余もある。そんな重量物を積んだら、潜水艦の運動に支障をきたさないだろうか。

若者たちの救国の至情は多とするが、その場で拍手を送るわけにはいかなかった。

折りも折り、軍令部の潜水艦主務参謀有泉《ありいずみ》龍之助中佐が来艦した。原田艦長はこれさいわいと岩佐大尉の計画書を提出した。

有泉参謀は一読するなり、大きく頷いた。

「結構です」

軍令部にも甲標的の洋上攻撃を疑問視する声があったから、新しい着想に飛びついた。

泊地攻撃となると、まず真珠湾だ。すごいことになってきた。波濤万里《はとうばんり》を越えて隠密挺身、甲標的を駆ってアメリカ太平洋艦隊の本陣を衝《つ》く。そして、群れなす敵の主力艦をかたっぱしから撃沈するとは、海洋冒険小説家のだれもが想いつかなかった壮大なロマンだ。

洋の東西をとわず、およそ英雄物語にはロマンがある。甲標的は、にわかにロマンを帯びてきた。二階級特進の嚆矢《こうし》としてこれに勝《まさ》るものはない。

現実にもどろう。

軍令部潜水艦参謀・有泉龍之助中佐

軍令部の有泉参謀は岩佐大尉の計画書を見て、先を越されたという慚愧《ざんき》の念は起きなかっただろうか。甲標的は軍令部が直轄している。もっと早く洋上攻撃に適しないと断を下していたら、搭乗員に危険で無駄な苦労をさせることもなかったし、メカの改造に着手することもできたはずである。

洋上攻撃から泊地攻撃に使用法を変更すると、水中高速は意味がなくなる。逆に低速で小刻みの運動性能が必要だ。このままでは旋回圏が大きくて、港湾進入後の行動がきわめて不自由だ。いちばんの難点は、もう時間がないことだった。すでに九月六日の御前会議は、戦争へと大きく舵を切っている。

軍令部が甲標的に固執する理由がほかにもあった。九月半ばの時点で、軍令部はまだ連合艦隊が提唱する空からの真珠湾攻撃を、了承していない。

虎の子の空母のすべてを投入するとは、狂気の沙汰だ。失敗すると開戦即敗戦ではないか。最後の決戦まではちびちびと小出しに艦艇を繰り出すしかない。軍令部は頑として漸減《ぜんげん》作戦に固執していた。

「古い、古い。いまはもう飛行機の時代です」

山本五十六の意を体した連合艦隊の黒島亀人先任参謀に言いまくられて、たじたじとなっていたとき、甲標的による真珠湾攻撃案が浮上した。

空をとぶより海の底を這え。リスクははるかに少なくてすむ。連合艦隊の暴走を牽制《けんせい》できるばかりか、漸減作戦を華々しくスタートできる。しかも、甲標的搭乗員の志気は、きわめて旺盛ときく。軍令部は乗りに乗った。

しかし、戦意がいかに燃えさかろうとも、岩佐大尉らは、独断専行するのではない。あくまで命令される立場にある。命令する者の主体性を厳しく問おう。

命令とは統帥権《とうすいけん》を代行することではないか。命令する者が命令される者の戦意にもたれかかるようでは、森厳《しんげん》なる統帥権がふやけてしまう。

＊

呉の柱島泊地に投錨している戦艦「陸奥」の前檣《ぜんしょう》には、一旒《いちりゅう》の大将旗がひるがえっていた。

岩佐大尉が、「千代田」の原田艦長にともなわれて「陸奥」の舷梯を駈けのぼったのは、軍令部の有泉参謀が訪ねてきてからわずか二日後のことである。

単冠湾に集結した機動部隊。「瑞鶴」より「霧島」「加賀」を望む

急げ急げのムードが高まってきた。二人には追い風になるだろう。軍令部の直轄というかたちのままでは、作戦に参加できない。連合艦隊に迎え入れてもらうことが先決だ。根回しは軍令部の方でやってくれたと聞いている。

原田艦長は、「諾」の即答が返ってくると期待して、甲標的の真珠湾奇襲計画書を連合艦隊の水雷参謀有馬《ありま》高泰《たかやす》中佐に提出した。

ところが、反応はいたって鈍《にぶ》い。有馬参謀は、冷《さ》めたまま溜息をついた。当てがはずれた二人は、熱っぽく説明を加えた。しかし、相手は同調する気配をみせなかった。原田艦長はしびれをきらした。

「甲標的は作戦に使用しないということですか」

「なお研究の余地があるということです」

岩佐大尉も気色《けしき》ばんだ。

「われわれは帝国海軍にとって、無用の輩ですか」

二人は知らなかった。連合艦隊司令部の機動部隊による真珠湾空襲計画を。作戦は単一であることが望ましい。あれもこれもは策として下の下だ。空からも攻めろ、海からも衝《つ》けとばかり、甲標的が真珠湾攻撃に参加すると、こちらの企図が事前に発覚するおそれがある。事はすべて超極秘である。

後日、命により北へ針路をとる艦の艦長は、自らの行動目的を知らなかった。集結地である千島列島の単冠湾《ヒトカップ》に到達する直前になって密封命令の封を切り、初めてハワイ攻撃作戦に参加することを知ったほどである。まして計画なかばのいまこの時点で、他に洩らすことは絶対に許されない。

二人の来訪者は納得がいかないまま、席を立とうとしなかった。

連合艦隊が甲標的の参加を拒むもう一つの理由があった。これは隠す必要はないどころか、ぜひ伝えなくてはいけない大事である。

有馬参謀はおだやかに語った。

「ご承知のように、かつての日露戦争でわが連合艦隊は旅順港口に船を沈めてロシア艦隊を閉じ込めようとしましたが、東郷長官は許可しようとしませんでした。閉塞隊の隊員が生還できないという理由からです。

以来、この精神は帝国海軍の伝統として受け継がれています。甲標的は航続距離その他の性能からして、搭乗員の生還は望めそうもありません。たとえ戦果を期待できても十中十死の作戦は許可しない、これが山本長官の固い信念です」

岩佐大尉が不動の姿勢をとった。

「私たちは生還しようとは思っていません」

「だから出撃させろと言うのか」

「お願いします」

「死んでくると言う部下に、死んで来いと言うような、そんなお粗末な幕僚は艦隊司令部には一人もいない」

有馬参謀は岩佐大尉をさらに圧倒した。

「生還するつもりがないのなら、水雷参謀の面目にかけても、私は甲標的の出撃を拒否する」

岩佐大尉は深々と頭をさげた。はからずも投げられた厳しくも優しい言葉が琴線にふれたのだろう。

しかし、そのために初心が揺らぐことはなかった。かえって奮《ふる》い立った。それは甲標的搭乗員全員の心情を吐露したものである。

＊

連合艦隊司令部の「否」にもかかわらず、彼らは新たな訓練に取り組んだ。敵の港湾に進入するには夜陰に乗ずるしかない。訓練はもっぱら夜に切りかえた。

もはや高速は必要ない。襲撃運動の基本は、暗夜の海中を、潜りっぱなしで長時間、微速前進することだ。これが意外とむずかしい。甲標的は速度を落とすと釣合《ツリム》をくずす欠陥があった。操縦の微妙なコツをつかむには、失敗を重ねなくてはならない。失敗は死につながる。

甲標的の外形は潜水艇というよりも魚雷である。その中に人間二人が乗り込むと、たちまち酸素を吸いつくす。空気清浄器をそなえても十分ではない。息苦しくても、おいそれと浮上してはならない。戦場で、所在を露見すると、たちまち撃沈される。空気はにごり、湿度は高く、温度は上がる。

そんな劣悪な状況に耐えて、ひたすら練度の向上につとめたのも、当面の難関である連合艦隊司令部の「諾」をかちとるためだった。

岩佐大尉は原田艦長にともなわれて、ふたたび旗艦「陸奥」の舷梯をのぼった。持参した計画書は大幅に改訂してあった。生還不能の印象を確実に消せるだろう。

改訂補筆の主な点を列記する。

一、搭乗員を収容するには、事前に場所と時間をさだめておき、親潜水艦がその場所、その時間に待機して搭乗員が帰投するのを待つ。

一、甲標的は全速で航走すると五十分しかもたないが、六ノットに落とせば八十浬《かいり》の航続距離がある。湾口から二十浬地点で発進しても、湾内に進入して攻撃終了後に余裕をもって帰投できる。

一、長時間の連続潜航の必要から、電池約五十個を撤去して、その重量分の空気清浄器を追加装備する。

改訂計画書を提出して幕僚応接室で待つ二人に、従兵が茶をはこんできた。前回にはなかったことである。今回はどうやら招かれざる客ではないようだ。

「おッ、茶柱が立ってる」

幸先よしと二人は、茶碗を宙に捧げた。

しかし、またもや「否」と返ってきた。水雷参謀が、長官の見解をつたえた。

「趣旨は了解するが、警戒厳重な敵地の海面において搭乗員の収容に確実性なし」

反論するわけにいかなかった。甲標的搭乗員自身が、みなそう思っているのだから。しかし、彼らは虚しく水漬《みづ》く屍と果てるつもりはない。ようやく戦果をあげる自信がそなわってきた。いまや全軍に先駆けて遠く真珠湾を衝《つ》くことが、彼らの悲願となって奔騰した。生きるか死ぬかは二の次である。そのことを艦隊司令部は少しもわかってくれない。

瀬戸内の秋の夕景が腹だたしいほどに美しかった。帰りの内火艇の中で、原田艦長は意気消沈したかにみえる岩佐大尉をねぎらった。

「長官も話のわからん人だよ、まったく」

二人は知らなかった。連合艦隊司令長官山本五十六《やまもといそろく》にも同じような焦燥があったことを。

7 ゴーサイン

主力空母のすべてを投入して敵の一大根拠地を空襲するなど、世界の海戦史上、例がない。軍令部は連合艦隊の真珠湾空襲案に真っ向から反対しつづけた。

山本があくまで固執するなら、連合艦隊の長官を更迭すればいいではないか。素朴な疑問はもっともである。軍令部総長と連合艦隊司令長官との力関係を説明しなくてはなるまい。

まずは大海令第一号を読もう。

大海令第一号
昭和十六年十一月五日

奉勅　軍令部総長　永野修身

連合艦隊司令長官山本五十六ニ命令

一、帝国ハ自存自衛ノ為米国英国及蘭国ニ対シ開戦ノ巳ムナキニ立チ至ル虞レ大ナルニ鑑ミ十二月上旬ヲ期シ諸般ノ作戦準備ヲ完成スルニ決ス

二、連合艦隊司令長官ハ所要ノ作戦準備ヲ実施スヘシ

三、細項ニ関シテハ軍令部総長ヲシテ指示セシム

軍令部総長は勅を奉じて連合艦隊司令長官に命令する立場にある。しかし、連合艦隊司令長官は天皇に直属している。首をすげ替えるなんて、とんでもない話だ。しかも現実問題として、統率力抜群の山本に優る者がいない。

軍令部総長・永野修身大将

当の山本にしてみれば、最善と信ずる作戦を撤回してまで職に留まるわけにはいかなかった。辞意を表明されると、軍令部総長永野《ながの》修身《おさみ》も折れざるを得なかった。

「山本に、それほどの自信があるなら、やらせようではないか」

そのことは直ちに連合艦隊司令部に伝えられた。

開戦劈頭《へきとう》の機動部隊による真珠湾攻撃は、全海軍が打って一丸とする大方針として成熟した。

艦隊司令部では幕僚の動きが、にわかに慌《あわた》しくなった。

岩佐大尉と原田艦長は、その日も司令部詣《もう》でを欠かさなかった。いつもとは違う雰囲気にとまどいながら待つことしばし、有馬参謀がつたえた。

「計画は採用になりました」

快哉を叫ぶ二人を有馬参謀が制した。

「ただし搭乗員の収容については、さらに研究せよとの長官の御意向です」

甲標的の使用をあれほど肯《がえん》じなかった山本は、なぜ見解を改めたのだろう。

山本は軍令部の漸減作戦を、根本から覆《くつがえ》した。覆された軍令部にも頑とした主張があった。開戦劈頭《へきとう》、真珠湾に甲標的を使用することだ。山本は機動部隊による真珠湾攻撃をみとめさせたので、それ以上は我を張れなかった。考えられないことではない。

しかし、それでは山本という男のイメージが損《そこ》なわれる。理由は他にあったと思う。

岩佐大尉は司令部詣《もう》での間に一度だけ山本の面前に進み出ることを許され、甲標的搭乗員の心情をせつせつと訴えた。山本は青年士官の憂国の至情に動かされた。しかし、それは私人山本《やまもと》の情念に触れたにとどまった。

ところが、十月十五日になって、真珠湾攻撃が決定的に権威づけられると、それまで胸中ふかく留めおかれていた青年士官の至情が、連合艦隊司令長官たる山本を鼓舞した。

山本の鋭い視線をうけると、だれもが眼を伏せたという。しかし、あのときの若者はたじろがなかった。山本は岩佐大尉の心の声を聞いた。

「長官、私たちは長官の部下です」

8　近頃の若い者

山本五十六は第六艦隊の長官清水光美《しみずみつみ》中将に宛てた手紙の中で述べている。

「近頃の若い者などと申すまじく候」

第六艦隊は日本海軍が保有する潜水艦とその付属艦艇のすべてを統轄《とうかつ》するから、甲標的もやがてその隷下《れいか》に組み込まれるだろう。

しかし、山本が清水に送ったこのときの手紙は、まったくの私信である。私信を交わすほどに二人は昵懇《じっこん》の間柄であった。

手紙の中で述べた近頃の若い者とは、昭和十六年当時の二十代の若者をいうのだろう。彼らはみな、この国の民として大正の世に生まれた。甲標的搭乗員もみなが大正ッ子である。

明治の男たちには、ひたすら栄光を夢みる豪快なロマンがあったが、時代は創業から守成《しゅせい》へと移り変わった。大正ッ子に明治のロマンはすでにない。あるのは明治の栄光を護持しようとするたおやかな剛直《ごうちょく》である。

彼らを育んだこの国は、近代国家として成長する過程でいくつかの岐路に立った。その折折に最善と判じた道を選んだはずなのに、選び選んだはてに最悪の結果をまねいてしまった。もはや戦争という非常手段にうったえなければ動きがとれなくなっていた。そのとき大正ッ子は戦う若者として、最前線に立つ年齢に達していた。

明治の男山本《やまもと》は、岩佐大尉に大正ッ子の理想型を見た。そのたおやかな剛直に涙した。そして甲標的にゴーサインを送った。これを人情提督の軍国美談にはしたくない。かの山本にしてこの山本があろうとは。

かつて山本は軍縮条約予備交渉の日本全権としてロンドンに赴いたとき、日本人的な涙ッ気などみじんも見せなかった。英米の高官たちは山本を高く評価した。日本海軍の中で西欧合理性をそなえた希有《けう》の提督であると。

海軍次官としての山本は、日本がドイツとイタリアに与《くみ》して三国軍事同盟に走ることは、英米と事をかまえる危険きわまりない最悪の選択であると命を張ってまで反対した。そこにも涙ッ気はつゆほどもない。

連合艦隊司令長官という戦闘指揮官の最高位に立ったとき、真珠湾攻撃の正誤《せいご》はともかく山本は信念をつらぬいた。そこにも涙ッ気はまったくない。

生還の望みがないことを理由に、甲標的の作戦参加を拒みつづけた山本には、依然として涙ッ気はなかった。

しかし、〈この頃の若い者〉の無垢《むく》の至情にほだされて甲標的の作戦参加を許した。それまでに知を鎧《よろ》い、意に徹してきた山本が、初めて情にくずれたときである。

この一事は山本の人物伝の中で大きな意味を持つ。ミッドウェーに敗れたあとの山本は、前線に出動する部下将兵を、白一色の軍装をまとって帽を振りふり見送った。命令したのはこの山本であると言わんばかりに。山本の心を察した部下は、この長官のためならと死を厭《いと》わなかった。みごとな情の統率である。

その源をもとめてさかのぼると甲標的に辿りつく。そこには早くも情の統率が芽吹いている。しかし、山本は情に棹《さお》さして流されてはいない。岩佐大尉の計画書を採用するにあたって、命令形の条件をつけた。

連合艦隊司令長官・山本五十六大将

「搭乗員の収容については更《さら》に研究せよ」

情に流されまいとけんめいに棹を突っ立てている。

連合艦隊の旗艦は「陸奥」から「長門」に変更された。その艦上で真珠湾攻撃の最終的な図上演習が実施された。

このとき、赤軍（敵）を攻撃する青軍（味方）の戦力に、はじめて五基の甲標的が加えられた。

おっとり刀で駈けつけた甲標的に場内の雰囲気は必ずしも好意的ではなかった。真珠湾攻撃の主力を自負する機動部隊は、とくに辛辣《しんらつ》な批判をあびせた。

「真珠湾周辺をうろちょろされたら奇襲が難しくなる」

否定的な意見はそれだけに止まらなかった。

「成功するかしないかわからないのに、五隻の貴重な大型潜水艦が甲標的にかかりっきりというのはいかがなものか」

同調するざわめきを聞きながら、山本は岩佐と名乗った青年士官の無垢の眼ざしを思い浮かべた。情の男は一層の情に駆られた。山本は図上演習の統裁者として凜《りん》とした声を発した。

「甲標的の参加を決めたのはこの山本である」

甲標的にたいするネガティヴなムードはその場で消えた。

図上演習に参加するのは高級指揮官に限られる。搭乗員たちは甲標的が継子《ままこ》あつかいにされたことなど、まったく知らない。その日も訓練に励んでいた。開戦劈頭に真珠湾を攻撃することは海軍軍人として無上の光栄であると固く念じていた。

しかし、ひとり他に先駆けてという想いには誤りがある。新しい時代をひらく壮絶な舞台で主役をつとめるのは彼らではない。空からせまる戦爆雷連合の大編隊なのだ。これまで軍極秘のヴェールにガードされてきた甲標的搭乗員は、より高度な更《さら》なる軍極秘の圏外にあった。

彼らは知らない。真珠湾攻撃にしめる自分たちの地位を。いかに戦意が猛《たけ》ろうとも、機動部隊に比してその戦力はいちじるしく劣る。

9　決死か必死か

ハワイの海は美しい。いまもむかしもみなが言う。透明度が高いからだ。

真珠湾は浅い。多少の凹凸《おうとつ》はあっても、なべて二十メーター以下だ。空から落とすと魚雷は海底の砂に突っ立つ。アメリカ海軍は心配無用とばかり大艦を二列に並べて、錨泊させていた。

ところが日本海軍は、浅深度魚雷の開発に成功した。機動部隊にはオンの字だが、甲標的にはいぜんとして魔の海だ。浅くて水が澄んでいる。そんなところへ甲標的を進入させたらどうなるか。母艦の艦長原田《はらだ》覚大佐は沈思した。

「生きて戻れるわけがない」

しかし彼は、艦長として部下の中から甲標的五基の乗員十名を選ぶ立場にあった。その苦しい心中を日記に書き残している。

「必死隊ノ人選ナゾ不適任此ノ上ナシダ」

軍令部は甲標的乗員の生還は可能であると事もなげに言う。連合艦隊は作戦に組み込んだからには、生還の望みがないとは言えない。

しかし、原田艦長は必死隊と記して生還不能と断定した。国を護るという窮極の大義にまさる名分はない。必死隊はここから生まれる。だからひとたび決行されると、次から次へと歯止めがきかなくなる。

日本海軍はそのことを強くいましめて、これまで必死隊の存在を許したことは、ただの一度もない。おかげで「生死を共にする」という醇風《じゅんぷう》が日本海軍の伝統として根づいてきた。

ところがここにきて、伝統が揺らぎはじめた。必死隊は命ずる者と命ぜられる者が生死を別にする。原田艦長はその苦しみを次のように表現した。

「是ガ乃公《だいこう》ニ続ケ（ワレニ続ケ）ト申シ得ルナレバ苦シム必要モアルマイニ」

甲標的の当初の訓練目標は洋上攻撃である。母艦「千代田」が敵主力艦隊の前面に進出して、搭載する甲標的全十二基を一斉に放つはずだった。

この場合は、最前線まで生死を共にできる。

しかし、敵の港湾に進入しての泊地攻撃となると、母艦「千代田」の出番はない。生死を別にする身に死地へ向かう者を選べとは酷《こく》である。思いあぐねた原田艦長は先任搭乗員岩佐《いわさ》大尉の助言をもとめた。岩佐には彼なりの案があったが、いきなり伝えると艦長の職権をおかす。選ぶのはあくまで艦長でなくてはならない。岩佐は威儀を正した。

「私たちが選んでいただきたいお方は、艦隊長官でもなく海軍大臣でもなく艦長です」

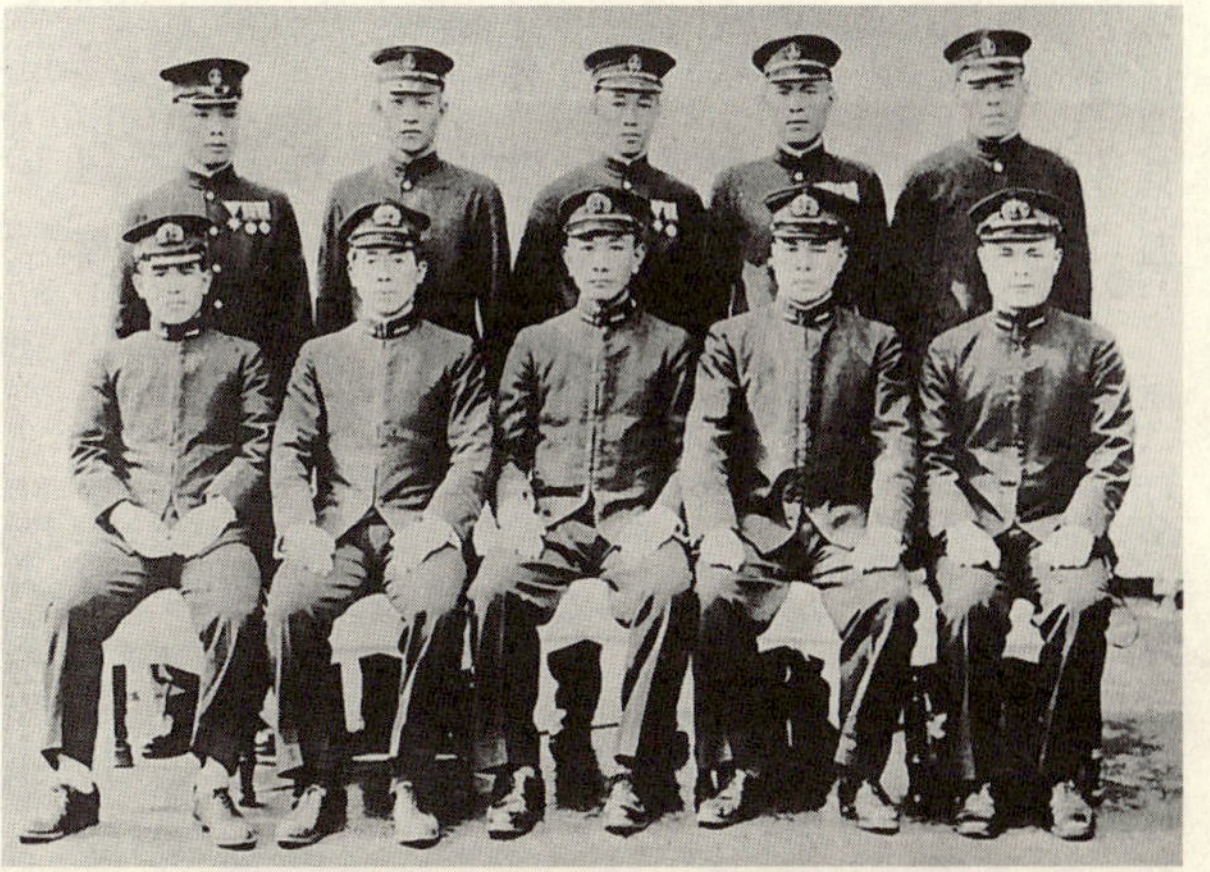

真珠湾特別攻撃隊の10人。母艦「千代田」艦上にて。前列が艇長。後列が同乗の艇付。左より、広尾・片山、横山・上田、岩佐・佐々木、古野・横山、酒巻・稲垣の各ペア

艦長は部下の心に打たれた。岩佐はさらに語を継いだ。

「まず私を選んでください」

艦長は、「乃公ニ続ケ」と言えない苦衷を推《お》して五人の艇長を選んだ。艇長である士官と艇付の下士官は訓練中からペアを組んでいたから、士官を選ぶと下士官は自動的に選ばれることになる。

事前の内示はともかく、上級司令部の事後の承認は不可欠だ。これまでの経緯からして、甲標的の初陣をになう若者たちの名は海軍大臣にも軍令部総長にも届けられたにちがいない。

選ばれた十人の官と名を記す。上段が艇長で下段が艇付である。両者を結ぶ棒線は同じ艇に乗り組むペアを意味する。

大尉　岩佐直治――一曹　佐々木直吉
中尉　横山正治――二曹　上　田　定
中尉　古野繁実――一曹　横山　薫範
少尉　広尾　彰――二曹　片山　義雄
少尉　酒巻和男――二曹　稲　垣　清

彼らに新たな昂揚はなかった。心はすでに真珠湾に定針していたし、日ごろの訓練が到達する当然の帰結と受けとめた。

ところが、母艦「千代田」に岩佐と二人で真っ先に赴任した秋枝三郎中尉が強硬に申し入れてきた。

「私が行きます。岩佐大尉は残ってください」

世紀が改まった今日、このような言動を理解してもらうのは容易ではなさそうだ。軍人精神の発露ではお伽話《とぎ》にもなるまい。尽忠報国ではカビ臭いと笑うやつもいるだろう。危険と困難を他にゆだねるのは道義にそむく、こんな言い方をしたら、うなずいてくれるかもしれない。

秋枝に捻《ね》じこまれて、岩佐は懇々《こんこん》と諭《さと》した。

「指揮官先頭だ。俺は行く。貴様は残って若いものの面倒をみろ。俺の代《かわ》りにだ。頼むぞ」

補足しておく。秋枝中尉は真珠湾におくれること半歳、甲標的を駆って遠くマダガスカル島ディエゴアレスの英軍泊地を攻撃して戦死した。

もう一人強者《つわもの》がいたが、そのとき松尾敬宇中尉は、真珠湾偵察の密命を帯びて遠く日本を離れていた。アメリカ航路の最終便大洋丸《たいようまる》に見慣れない航海士見習がいたが、彼こそ松尾中尉の忍びの姿である。

甲標的は魚雷を発射すると、一トン余の重量が急に消えるため、頭部が軽くなって海面に露頂する。たちまち発見されて攻撃されるだろう。

応急補充タンクを取りつけたが、それでも難は避けられなかった。露頂した頭部が水没するまでに三十秒はかかる。改修される見込みはない。もう時間がないのだ。このまま戦場に向かうことになるが、彼らは意に介さなかった。

「魚雷を発射するまでが勝負だ」

「もぬけの殻がどうなろうとワレ関セズ」

しかし、もぬけの殻には二つの命が残っている。

「搭乗員の収容に万全を期せ」

山本の厳しい要請をうけて、甲標的を管轄する第六艦隊司令部は具体案を練った。

まず、収容する場所だ。

すでにハワイ海域は戦場になっている。真珠湾に近いと親潜水艦に危険がおよぶ。離れすぎると甲標的が帰ってこれない。二つの事情を勘案して、真珠湾の東南四十浬《かいり》にあるラナイ島西方七浬の洋上を収容地点と定めた。

つぎに、収容する時間だ。

収容するには親潜水艦が浮上しなくてはならない。しかし、戦場で昼の日中に艦影をさらすのはきわめて危険だ。行動するのは夜にかぎる。収容する方が夜となると、収容される方も夜だ。甲標的が湾外脱出のスタートを切るのも夜でなくてはならない。

甲標的の攻撃は一瞬にして終わる。二本の魚雷を放つだけだ。それから延々と日が暮れるのを待って、はるばる四十浬の敵地の海をのろのろと帰って行くのか。戦争ごっこじゃあるまいし、甲標的の若者たちが聞いたら一笑に付すだろう。

ところが、司令部には収容案をすぐには伝えられない事情があった。

真珠湾攻撃の主力は、機動部隊から発進する航空機の大群であることを明かさなくてはならないからだ。当の機動部隊でも一握りの高級指揮官しか知らない超極秘事項を、下級の士官や下士官においそれとは伝えるわけにいかない。

しかし、甲標的の搭乗員にとっては、真珠湾作戦全体の中で自分たちのしめる位置を知ることは、必要欠くべからざる重大事である。出撃時までには必ず知っただろう。

では、いつ誰が伝えたのか。すべての資料にその記録はない。重大な戦史の落丁《らくちょう》である。どこに落丁があるのか、発見につとめながら先に進もう。

10　帰郷

軍艦「千代田」艦長の原田覚大佐でさえも、真珠湾作戦の全貌を知らなかった。彼が自覚していたのは、自らが選んだ十人の若者は、ふたたび還ることのない凄絶な任務につくということだけだった。

だから、特別休暇で家路をたどる彼らに、つぎのような訓示をした。

「郷里に帰ったら、後顧の憂いがないように身辺を整理してくるように。ご両親には最後の別れを告げるつもりで十分に孝養を尽くしてもらいたい。だが、任務を察知されるようなことは、絶対にあってはならない。もし何かを訊《き》かれたら、遠くへ訓練に出かけるからしばらく帰ってこれないとでも答えておくんだな」

今生《こんじょう》の別れを告げるため、そんな想いを過度にかきたてられたのか、訓示をきく十人の顔がこわばった。気がついた原田艦長は、唐突に訓示を打ち切った。

一同になり代わって訓示に答える岩佐大尉の挨拶は短かった。ただ一言である。

「行ってきます」

十人の行先は群馬県、三重県、徳島県、岡山県、鳥取県、島根県、広島県、福岡県、佐賀県、鹿児島県、みごとなまでに拡散している。偶然ではあるまい。

国鉄呉《くれ》駅には海軍将兵の姿が目立つ。巷《ちまた》の人は言う。

「海軍さんは明るい」

そのはずだ。彼らは海で戦う。陸路は戦場につながらない。行きつく先はふるさとだ。

岩佐大尉が言った。

「家に帰ると四等水兵も同じだ」

横山中尉が同調した。

「似たようなもんです、こっちも」

酒巻少尉が韻《いん》をふんだ。

「いずこも同じ秋の夕暮《ゆうぐれ》」

当人たちにはツーカーらしいが、聞く者には意味不明である。

＊

車窓に上毛三山が見えてきた。岩佐大尉は思いにふけっていた。

「ふるさと群馬は山が美しい。しかし海がない。俺は海なし県の引け目を吹っとばしたんだ」

それがなぜ、四等水兵と卑下するのか。彼は八人兄姉の末ッ子である。長幼の序あり、位はいちばん下だ。しかし、母親には特別の存在らしい。末ッ子はいつまでも幼いままなのだ。

「小遣い銭が足りんじゃろう」

「警察署長や校長先生より俺の方が給料は上じゃ」

「風邪をひきやすい子だから用心せんとね」

赤城おろしの寒風にやられているご当人が言った。

父は地場産業の世話役として地元の名士である。律義《りちぎ》で剛直な人柄は、そっくり末ッ子に受け継がれていた。

岩佐大尉はさっそく恩人知己をたずねて、それとなく別れを告げた。海なし県だから海軍士官は人目をひく。前橋の街を歩くと見知らぬ人までが会釈《えしゃく》してくれるので、挙手の手をやすめる暇がなかった。

一人だけ目をそらした若い娘がいた。一瞬間をおいて気がついた。一年ほど前に見合いをしたあのときの娘だった。甲標的の搭乗員を命ぜられたので婚約を破棄した。理由を告げなかったことが、先方の心を傷つけたらしい。

非はこちらにある。律義で剛直な若者は自分が許せなくなった。訪ねていって許しを乞うか、それとも理由をつげて詫びるか。それはできない。では、どうする。思い悩んで、ふるさとでの貴重な時間を無為《むい》に過ごした。そこでやっと思いいた

岩佐直治大尉。群馬県出身（伊22潜）

った。真珠湾にこの身を砕くことこそ唯一絶対の謝罪である。

そう思った岩佐大尉は、一日早く郷里を発って母艦「千代田」へと逆走した。

＊

噴煙たなびく桜島が正面に見える。鹿児島市下荒田町に店をかまえる精米所では、モーターがうなり米の粉が舞っているが、人気《ひとけ》がない。

外から男まさりの女主人が入ってきた。すると、奥から作業衣姿の若い男があらわれた。

「おっ母さん、いま戻いもした」

挙手の礼がピシッと決まっている。当然だ。彼こそ海軍中尉横山《よこやま》正治である。おっ母さんと呼ばれた女主人は、ねぎらいの言葉一つかけるでもなく、いきなり言いつけた。

「よかとこい戻ってきた。いっとき加勢せんか」

「そんつもいで着換えて待っちよった」

米袋をかつぐと腰がふらついた。母親が叱咤した。

「位が上がって楽をしちょっとじゃろう」

甲標的の狭っくるしい司令塔のなかに潜《もぐ》り込んでいると、運動不足で足腰が弱る。

それにしても恐れ入った肝っ玉母さんだ。好んでそうなったわけではない。夫は育ちざかりの大勢の子を残して、早くに世を去った。男八人女五人という超子福者《こぶくしゃ》だから、なりふりかまってはおれない。家業を受けついで身を粉にして働くしかなかった。

男八人のうちの六番目が横山中尉である。呉の駅で交わした会話がうなずけよう。

横山家の六男坊は六歳のときに父を亡くしている。幼な顔はさぞや暗かったと思われるが、事実はまるでちがう。中学での渾名がリンゴとはほほ笑ましい。郷里の果物はボンタンだが、彼には全然似あわない。やはり遠い北の国に実るメルヘンめいたリンゴがぴったりだ。登下校の折りにすれちがう女学校のお姉様方は、アップルちゃんと呼んだとか。しかし、外柔内剛こそ薩摩《さつま》隼人《はやと》の本領である。

横山少年は錦江湾に面した浜辺にたたずんで口ずさんだ。平野国臣のあの歌を。

　国を思ふ熱き心にくらぶれば
　　煙はうすし桜島山

横山正治中尉。鹿児島県出身（伊16潜）

オーバーラップすると海軍中尉横山正治がそこに立つ。彼は決して激しない。そして自己顕示《じこけんじ》欲がまるでない。帰郷してから仕事衣を着たっきりだから、知らぬ他人は精米所の新しい奉公人かと思った。

しかし、最後の日は海軍中尉の一種軍装に短剣をつり、白手袋で挙手した。

「おっ母さん、行たつきもんで」

肝っ玉母さんは惚れぼれとわが子を見つめながら、すばらしい言葉を口にした。

「よかなあ、男ん子は。まちっと産《う》んじょけばよかった」

「欲の深かこと言うて」

母と子は声をあげて笑った。

*

弱冠二十二歳。海軍少尉酒巻《さかまき》和男の演技はほぼ完璧に終わろうとしていた。帰郷して数日間をわが家で過ごしたが、家族にこれが今生の別れとはみじんも感づかせなかった。

八人の男の子を育てた母はさすがに老いたが、まだまだ子らと共に在りつづけようとしている。そして過ぎた苦労が、いまでは楽しい思い出になっているらしい。

育てるのにいちばん苦労したのは三男坊だと、当の三男坊を前にして語った。生まれたときから体が弱くて、とても育つまいと諦めたことも何度かあったとか。

こういう話は要注意だ。だから命を大事にしろという論理がはたらく。三男坊は話題を打ち切ろうとした。

「おかげさまでこの通り、りっぱに成人させて頂きました」

それがかえって深みにはまった。

「男の子は嫁をもらうまでは一人前やない」

こうなったら逃げるしかない。

「友だちと会う約束がありますから」

「誰とな」

「四国三郎」

坂東太郎と筑紫次郎とともに、日本の三大名河と称えられる吉野川は、酒巻和男の人生に大きな影響をあたえた。

彼は中学を卒業したら、広島の高等師範学校に進学するつもりでいた。教壇に立つのがわが家の家風にふさわしいと思ったからである。それを海軍兵学校へと進路を変更させたのは、わが友四国三郎である。

酒巻和男少尉。徳島県出身(伊24潜)

吉野川は、南国土佐に降った雨までも、はるばると紀淡海峡《きたんかいきょう》まで運んでいる。四国は土地が狭い。しかし、二百キロ近い大河に生長した。吉野川は多感な少年を刺激した。

「よし、おれも」

少年は志望を海軍兵学校に切り換えた。

そしていま、渡し舟に揺られながら、しばしの感傷で訣別の帰郷を締めくくろうとしている。

「吉野川よ、永遠なれ」

＊

母親にとっていちばん可愛いのは、叱っても叱ってもなついてくる子供にちがいない。米どころ佐賀平野の東南の地に、その家はあった。母親も学校の先生をしているという当時では珍しい教育一家だから、四人の男の子たちは厳しく躾《しつ》けられた。

中でも三男坊というのがかなりのガキ大将だったので、たびたび叱られたらしい。それでも一向にわるびれずに母を慕いつづけた。海軍少尉広尾《ひろお》彰の少年時代の姿である。

昭和十六年の秋なかば、稲刈りも終わったころに元ガキ大将は颯《さっ》そうと海軍マントをひるがえしてわが家へ帰ってきたが、ただいまの挨拶もそこそこに母をさそった。

「久しかぶいで温泉に行こうや」

湯の宿でいつもの癖が出た。二十二歳にもなったのに、海軍少尉の士官さんが、母の膝枕《ひざまくら》で寝転がるのである。葉隠武士《はがくれぶし》の末裔《まつえい》にもこんなソフトな一面があるとは微笑ましい。

見上げる眼と見下ろす眼と、視線がピタリと合うから対話にも心が通う。

「お母さんは自分の臍《へそ》に向かって歌うたろうが」

「わけんわからんことを言う子やね」

「ボクはお母さんのお腹の中で聞いちょった」

母親が胎教《たいきょう》を心がけたことは事実である。

「あんな下手くそな歌《うた》聞かされたら、おとなしうしとれんがな」

「まッ、この子は」

母はわが子の鼻っ柱をパチンと弾《はじ》いて笑った。笑いがおさまらないうちに、子が問うた。

「ボクが死んだら泣くね、泣かんね、どっちやろな、お母さんは」

笑いは急には泣くに切り換《か》わらない。

「泣かん泣かん、泣くもんかね」

子は膝枕をはずした。

「泣いてもらえんのに死んだりしたら、アホんごとある。死ぬんはやめとこう」

広尾彰少尉。佐賀県出身(伊20潜)

その後わずか一ヵ月余り、海軍少尉広尾彰は戦死した。

＊

玄海灘にそそぐ遠賀《おんが》川の川筋一帯は、昔から任侠の土地柄として名が通っている。その一角に里山を丸ごと抱えこんだ広大な屋敷があった。代々庄屋《しょうや》をつとめてきた旧家である。

秋の夜更けのただならぬ時刻に、よれよれの背広を着た若い男が忍び込んできた。家人に誰何《すいか》されると、若い男が答えた。

「泥棒です」

中折れ帽をぬいだその顔を見て、お屋敷の奥様が頓狂な声をあげた。

「ま、こん子はびっくいさせて、まだ心臓がドッキンドッキンしちよる」

よれよれの背広男は海軍中尉古野《ふるの》繁実だった。

母はその茶目っ気を許したが父は容赦しなかった。六人も男の子がいるのだから、古野家からも提督が出て由緒ある家系に花を添えてもらいたい。

幸い三男が願いを叶えてくれそうだ。そんなわけで海軍中尉古野繁実は帰省するたびに、提督の卵としての凜々しい姿を見せなくてはいけないのだ。

父は子を仏壇の前に座らせて、厳しく叱りつけた。

「今度だけは目をつぶってやるが、二度とそんな恰好で帰ってきたら、古野家の門はくぐらせんからそのつもりでおれ」

子は柳に風と受け流した。

「お父さん、こんつぎ帰ってくっときゃ白木《しらき》の箱じゃきい、そげん怒らんでください」

父はうまいこと言い逃れしおったぐらいに思ったらしい。家族の誰もがそう思った。そこを狙った計算づくの行動だろうか。それにしては手が混みすぎる気がしないでもない。しかし、折りからの時と所は限りなくシリアスである。ただの茶目っ気で見過ごすわけにはいかない。

特別上陸に際して艦長は訓示した。家族に気づかれないようにしろ。遠くへ演習に出かけるとでも言ってごまかせと。

軍極秘は百も承知だが、この期にごまかせは気にくわん。古野中尉はごまかさなかった。はっきりと真実を伝えた。しかも家族には全く気づかせなかった。

*

士官五人の家庭環境はそれぞれに異なるが、下士官五人はみなが貧しい農家の出身である。大正生まれの子らが大人になるには、昭和初期にこの国をおそった農村大不況の真っ只中を通過しなければならなかった。

古野繁実中尉。福岡県出身（伊18潜）

南国鹿児島は筆者のふるさとである。御多分に洩れず、そこにも不況の波が押し寄せた。貧しい小作人の子が露地を通り抜けようとすると、大地主の子が立ちはだかった。

「ここはおいが家の地だじゃ。通させん」

「わいが家の地だじゃいもんか。天皇陛下サアの地だじゃ」

この一言で相手は腰がくだけた。錦《にしき》の御旗《みはた》をかざした者には、自ら忠の心がそなわるだろう。このことは広く当時の少年に通ずる。

彼らは親の苦労を見て育ったから、孝心が厚い。忠と孝は道義の根幹である。大いなる他者への献身と言葉を置き換えてもいい。大いなる他者を見失うとき、道義は乱れに乱れる。昨今の世相がそれを如実に示している。

義務教育を終えても、上級学校へ進むことは彼らの家計が許さなかった。彼らは十八歳になるのを待って、海軍を志願した。そこは健全な就職先でもあったし、軍人として天皇に直結するからでもあった。

しかし、昭和一桁年代の海兵団の門は、開け放たれてはいない。体の弱い者はもちろんだめ、家庭が乱れていてもだめ、学科試験も厳しかった。呼び込みにけんめいな当節の大学よりはよほど厳しかった。

難関をパスして入団した海軍の水兵には、初めからプライドがあった。それが激しい訓練に耐える闘志を生んだ。

耐えきった者は下士官に進級して、スペシャリストとしての教育訓練をうけた。

真珠湾攻撃後の大本営発表は、いまや悪評嘖々《さくさく》たるものがあるが、わずかながら次の一行は真実を伝えている。

「本壮挙に参加せる下士官亦《また》帝国海軍優秀者中の最優秀なる人物なり」

*

昭和十七年十一月一日に、下士官兵の階級名は旧から新に改められた。

旧		新
四等水兵	→	二等水兵
三等水兵	→	一等水兵
二等水兵	→	上等水兵
一等水兵	→	水兵長
三等兵曹	→	二等兵曹
二等兵曹	→	一等兵曹
一等兵曹	→	上等兵曹

佐々木直吉一曹。島根県出身(伊22潜)

母艦「千代田」には、十二基の甲標的を擁する第七分隊があった。七つの海を征するという意味の七だという。甲標的各艇には専属の整備下士官が二人も配属されていたから、搭乗員と合わせると第七分隊には三十六名もの下士官がいる。

先任下士官は部内を統率する器量が必要だ。それだけではない。分隊長岩佐《いわさ》大尉とペアを組んで作戦の先頭に立つ任務がある。凡庸《ぼんよう》の男にはつとまらない大役だ。

海軍一等兵曹佐々木《ささき》直吉が選ばれたのは、彼が戦技優等賞を二度も授与されたほどの最優秀下士官であったからに他ならない。

年齢も二十七歳で最年長だし、先任下士官としての貫禄《かんろく》十分である。海軍当局は何のためらいもなく彼に白羽の矢を立てた。家庭環境などは一顧だにしなかった。

佐々木一曹は生後三日で母と死別し、六歳で父までも亡くしている。彼は二十歳になって海軍に入隊する直前に、初めてそのことを知った。一つ屋根の下に育った三人の妹たちは、みな血縁のない他家の娘たちだった。肉親の兄と姉がいると聞かされても会ったことも見たこともない。他人も同然である。

そんな不幸な生い立ちを知った衝撃が癒えないまま彼は海兵団の門をくぐった。それでどうして最優秀の下士官になれたのだろう。

彼が入団した昭和六年（一九三一年）ころは、まだ戦争の気配はない。海軍は当時の若者たちにとって有力な就職先であった。厳しい訓練がすべてではない。海軍ではかなり高度の知識や技術も学べるし、衣食住の心配はない。終生、海軍に身をおいて努力したら、あるいは恵まれなかった過去を償えるかもしれない。そう思った佐々木はけんめいにがんばったのだろう。

おかげでクラスのトップを切って、短剣をつる身分に昇進できそうだ。そんな思いが兆《きざ》したときに、「千代田」乗組という極秘の転勤命令をうけた。天涯孤独だから後顧の憂いがないとでもいうのか。

日本海に沿う島根県東部のひなびた村に北西風が吹きはじめると、潮騒《しおさい》と松籟《しょうらい》がシンクロナイズする。これこそふるさとが奏でる妙《たえ》なる音曲と聴きつつ、佐々木一曹は丘の上の両親の墓に詣でた。そして語りかけた。

「お父さん、お母さん、直吉はもうすぐそちらへ参ります」

＊

海軍二等兵曹上田定《かみた》は、家族へのみやげをたっぷり用意したのに、呉駅の待合室を動こうとしなかった。郷里へ帰っても、数日間をどうやって過ごしていいのか見当がつかないのだ。

上田定二曹。広島県出身（伊16潜）

四人の妹がいる。たった一人の弟はまだ幼い。父は老いた。母がけんめいに家を支えている。なんとも弱々しい家族構成だ。別れを告げて来いと言われても、言うべき言葉がない。足どり重く改札口を出た。

向かいのホームに、停車中の上り列車が動きだした。機関車のピストンが白い蒸気を横にふいて、巨大な鉄輪がレールにきしむ。そのダイナミックなアクションに触発された。

「よし、わかった。言葉ではない。行動だ」

広島からバスで延々と北へ数時間、わが家は中国山脈の分水嶺に近い台地にあった。折りから村では先日の雨でいたんだ村道の補修工事がおこなわれていた。上田二曹は家につくなり、作業衣に着かえて工事現場に駈けつけた。

村の労働力はとぼしい。年老いた男か女子供しかいない。屈強な若者の突然の参加に歓声がわいた。

蒸汽機関車に触発されたのは言葉ではなく行動だった。村への奉仕活動をしておけば、のちのち村は家族の面倒をみてくれるだろう。上田二曹は体力の限りをつくして働いた。

翌日も朝早くから補修工事に参加した。目覚めたときから体がだるかったが、疲れのせいだろうと力仕事を一手に引き受けた。

それがたたったのか、夜になって四十度の高熱を出した。一日様子をみたが熱は下がらなかった。このまま動けなくなったら、家族に迷惑をかけるばかりか、大任をおびた軍人として身の破滅だ。

上田二曹は高熱をおして帰隊することにした。心配して集まってきた村人たちに、くれぐれも家族をよろしくと後事をたくして村を離れた。

上田二曹と同乗する艇長は、リンゴの薩摩隼人横山《よこやま》正治中尉である。

＊

海軍二等兵曹片山《かたやま》義雄は、特別上陸組の中でいちばん早く家路を終えたはずだ。それほどにふるさとは近かった。岡山市から旭川をさかのぼること十数キロの距離にわが家はあった。

母は讃《ほ》めてくれる。

「あんたは育てるのに銭《ぜに》のかからん子でな」

そのはずだ。五人兄弟の四番目だから、なにもかも兄たちの使い古しで間に合った。

片山二曹は母をさそった。

「明日、ピクニックに行こや」

備前の野づらを、逞しく成長した子と老いた母が連れだってさまようのは絵になる。母はしきりと子を称《たた》えた。

「よう働く子やった」

小学校に入学したばかりの片山二曹は、毎朝、牛の飼料の草刈りに出かけた。小さな体が隠れるほどにいっぱい背負って帰ってきたとか。

二人は田んぼの畦《あぜ》に腰をおろして、握り飯を頬ばった。

「おてんとさんの下で食べる握り飯は美味かね」

片山義雄二曹。岡山県出身(伊20潜)

「おてんとさんの下で吸うと、母ちゃんのおっぱいも美味かった」

乳呑児の片山二曹は、石油の空缶に座布団をつめた代用の揺籃《ゆりかご》に寝かされた。仕事に疲れた若い母は、ひと休みしようと畦《あぜ》にもどってきてわが子に乳房をふくませた。ここに母と子の原風景を見る。

別れの挙手をして片山二曹は最後の言葉を遺した。

「母ちゃん、長生きするんやで」

片山二曹と同乗する艇長は、母の膝枕《ひざまくら》ではしゃぐ広尾彰少尉である。

*

海軍一等兵曹横山《よこやま》薫範は、山陰の雄伯耆《ほうき》大山《だいせん》の麓にあるわが家にたどりつくと、松茸の包みをフワリと、いやドスンと置いた。

松茸も鉄も同じ一貫目（三・七五キロ）に変わりはない。猛訓練の明け暮れだから給料はそっくり溜まっていた。それをポンとはたいて松茸一貫目を郷里へのみやげにした。松茸の香《かおり》が、後後までも男一匹横山《よこやま》薫範を偲ぶよすがとなれ、そんな想いをこめて村中の親しい家家に配り歩いた。

その夜は知人親戚一党をよんで、残りの松茸を肴に飲めや歌えのドンチャン騒ぎになった。

「敵の戦艦をボカ沈じゃ」

大言壮語もここまでくると、だれも本気にしない。かなり際どいことまでわめきちらしたが、酔ってくだを巻いたのだとみなが聞き流した。当人はいい気なものでバタンキューと鼾《いびき》をかきはじめた。

母が布団を掛けてやりながら客に語った。

「わたしゃこの子の親やけどな」

育ての親ではないという。

横山家の末ッ子は大正六年（一九一七年）に生まれた。翌年には米騒動が起きるやらで、庶民は貧しさのどん底に喘いでいた。

親たちは仕事に出かけて、人気のない農家にひとり赤んぼが留守番をしていた。そこへ育ての親が帰ってきた。母親から子守役を仰せつかっている小学校四年生の男の子である。

横山薫範一曹。鳥取県（伊18潜）

手製の赤子座で眠っていた赤んぼが急に泣きだした。泣く子には母乳がいちばんだが、四十歳を過ぎてからの出産となると乳の出が乏しい。母親はいつも重湯《おもゆ》を用意していた。少年は心得たもので棚からそれを取り出した。しかし赤んぼは、本能的に母の体温と同じでなければ受けつけない。冷えきった重湯を口に押しこまれて、火がついたように泣きだした。もう手がつけられない。母のかたわらに連れていくしかない。

近づいてくる赤んぼの声を耳にすると、母親は鍬をすてて走り寄った。少年の背から赤んぼを受け取ると、出のわるい乳房をふくませた。赤んぼは泣きやんだ。

すると、いたいけな育ての親が泣きだした。母は空いた片方の手で少年を抱き寄せた。抱かれた次男坊も泣きやんだ。

すると母親が二人の兄弟を抱きしめながら、声を忍んで泣いた。

こういう育ち方をすると、三男一女の子らは成人しても仲がいい。赤んぼは成長して十九歳になったとき、二度目の応募で海軍に合格した。

入団に先だって、それまでに貯えた金を病気がちな兄の療養費にと全額進呈し、スッカラカンの素寒貧《すかんぴん》で海兵団の門をくぐった。あのときのきっぷのよさをそのままに、横山一曹はふるさとを永遠《とわ》に去った。

横山一曹と同乗する艇長は、帰郷したとき泥棒ですと人騒がせな挨拶をした古野繁実中尉である。

＊

海軍二等兵曹稲垣《いながき》清には、貧しかったという記憶はない。肥沃《ひよく》な伊勢平野の堅実な自作農の家に長男として生まれ育ったからだろう。

しかし両親の、とくに母親の苦労は幼な心に染みついたままいまに続いている。男の子は母親の手助けにならないばかりか、面倒をかけるばっかりだ。長男がようやく八歳になったとき、四人の弟がいたから母親はたいへんだ。

ある日のこと、長男が夜中に眼をさますと、母親はまだ起きていて針仕事に励んでいた。男の子の服は傷みが早い。農作業の疲れが出たのか、こっくり体が揺れると、

「痛ッ！」

縫い針で指を突いたらしい。長男が心配そうに駈け寄ってきた。突然のわが子の出現に驚いた母は、照れかくしか、いきなりお説教をはじめた。

「念仏を唱える者は腹を立ててはいかんぞよ。人間が狭くなる。争いもするなよ、正直でないといかんぞ。うそを言うなよ。恥ずかしい行ないをしてくれるなよ」

母親は熱心な仏教信者だった。みなが寝静まった夜更けに二人っきりとは、お説教をするにも聞くにも絶好のタイミングだった。

父親のお供をして、初めて村の土木作業に出たとき、長男は大きな材木をひとりで担いだ。父は目を細めた。体力では子が父を凌《しの》いだのだ。そのときから父は、他の男の子よりも長男を大事にした。

稲垣清二曹。三重県出身（伊24潜）

そんな想い出をよみがえらせながら、稲垣二曹は父と母のもとへ帰ってきた。あれほど大勢、男の子がいたのに、それぞれの活動場所をもとめてみなが家を出ていた。わが家には父と母のほかに長男より十七歳も年下の末弟がいた。まだ小学校の二年生である。

迎えてくれるのはたった三人だけど、淋しくはない。特別上陸にはむしろこれがベストメンバーのような気がした。

滞在中は毎晩、おさない弟とおなじ布団に寝て、手枕に右の腕を貸してやった。そうすることで自分の命が伝わっていくような気がした。

帰隊するとき、見送りを固辞して木戸口で訣別の挙手をした。

父が言った。

「達者でな」

母は合掌《がっしょう》した。

幼い弟が問うた。

「この次はいつ帰ってくるの」

答《こたえ》に窮した稲垣二曹は、家族に背を向けて、帰路を急いだ。

稲垣二曹と同乗する艇長は、吉野三郎を友とする酒巻和男少尉である。

（特別上陸の描写は、牛島秀彦氏の著書「九軍神は語らず」を参照させて頂きました）

第二部

11　訓令工事

十人が特別上陸で留守したからといって、事が停滞したわけではない。慌《あわただ》しい動きがあった。

急ゲ急ゲとせかされて、伊号二二潜水艦は東九州の佐伯湾から呉へ急行していた。潜水隊の司令佐々木半九《ささきはんく》大佐は命令に大いに不満があった。

「なぜオレが行かなくてはいけないのか」

それも、旗艦《きかん》伊号二一潜から伊号二二潜に移乗して出かけて来いとは合点がいかん。

「訓令工事ヲ実施セヨ」

いよいよわからなくなった。伊号二二潜は竣工して間もない最新型の大型潜水艦ではないか。改装する必要はまったくない。佐伯を発つとき工事内容を問いあわせたが、艦隊司令部は特別機密だからの一点張りだった。

ままよと伊号二二潜水艦は呉の工廠桟橋に接岸した。すると、いきなり若い技術士官が乗り込んできて、無断で後甲板の見取図をとりはじめた。

「無礼者！」

艦長が怒るのも当然だ。しかし、若い技術士官は昂然と言い返した。

「大臣訓令の極秘工事です。私たちでさえ内容は聞かされていません。とにかく急げ急げと尻を叩かれてますので」

しかし、このままでは艦をあずかる者として、保安上の責任が持てない。

艦長と司令は連名で第六艦隊司令部に談じ込んだ。司令部はこの場かぎりということで、甲標的搭載のための工事であることを明かした。そして、佐々木司令には特に後命を待てという内示があった。

「どうやら無駄足を踏んだわけではないらしい」

佐々木司令は、未知の大任を身の引き締まる思いで待った。

密《ひそ》かに訓令工事が実施されたのは、伊号二二潜水艦だけではない。伊号一六、伊号一八、伊号二〇、伊号二四の四艦でも一斉に工事がはじまった。

甲標的の搭載艦になる潜水艦は、いずれも排水量二千トンを超える。大型艦が選ばれたのは、四十余トンもある甲標的の重量に耐える必要からだ。

しかも五隻は、造艦技術の粋を結集した第一級の艦《ふね》だった。しかし、竣工して日が浅い。

乗組員も艦自体も練度が不足していた。

とくに伊号二四潜水艦はひどかった。佐世保の工廠で竣工するなり、引きつづいて例の大臣訓令による秘密工事がはじまった。ピカピカの後甲板はドリルで穴を開けられ、バーナーで焼き切られた。

荒海を浮上航走する伊24潜。真珠湾口で酒巻艇を発進させた

乗組員は何のためかも知らずに、工事が終わると、いきなり呉へ回航せよときた。初航海の途中で、おっかなびっくり潜航テストを試みたが、失敗につぐ失敗をかさね、三度目にやっと思いがかなった、というていたらくである。

これでは作戦の妨げになるからと、連合艦隊司令部は伊号二四潜を除外せよと主張した。ところが、軍令部がうんと言わない。

兵力を削減すると全軍の志気にかかわるというのだが、それだけではあるまい。伊号二四潜をのぞくと、甲標的の数は四になる。日本の慣習は四を忌み嫌う。合理を身上とする日本海軍は意外と縁起《えんぎ》をかつぐ。

燃料を補給する必要から、八隻の潜水艦が先行した。

これが最初の赴戦行動である、幸先《さいさき》よかれと、十一月十一日の十一時十一分、みごとに一を並べて祖国をあとにした。

連合艦隊と軍令部は、職分を異にする。連合艦隊は戦闘（バトル）に采配をふるから戦術的だが、軍令部は戦争（ウォー）を推進するから戦略的である。

甲標的はもともと戦術の圏内にとどまるべきだが、戦略の圏内にまで組み込まれていたので、軍令部がなにかと口を出した。さしあたって伊号二四潜のあつかいだが、片や除けと主張し、片や除くなと主張した。

甲標的を指揮下におく第六艦隊司令部は、連合艦隊と軍令部の板挟《いたばさ》みになって困惑した。長官清水《しみず》光美中将は当の伊号二四潜の艦長に下問した。

艦長は答えた。

「ハワイに到着するまでの間に途中で訓練します」

ならば行けとは、沙汰の限りだ。自主性のないこと夥《おびただ》しい。戦闘部隊は連合艦隊の意にそうべきだ。しかし、長官清水《しみず》は部下の艦長を前面に立てて軍令部になびいた。

＊

潜水艦の改装工事が終わっても、乗組員には後甲板に設けられた架台の使用目的を知らされなかった。伊号二二潜水艦は指示されるままに、呉《くれ》港外の人気のない入江に到着した。すると、工廠のランチが近づいてきて、数名の係員が乗り込んできた。

「司令と艦長と艦橋当直員以外は、全員艦内に降りてください」

大臣訓令の極秘作業とあっては、うんもすんもない。艦長は下令した。

「総員、下甲板」

上甲板から人影が消えた。工廠の係員はひたすら無言、パントマイムで作業を進めた。団平船《だんぺいぶね》に積まれていた黒光りのする巨大な物体をクレーンが高々と吊り上げた。はじめて目にする甲標的に、佐々木司令も揚田艦長も息をのんだ。クレーンのきしむ音が、宙をいく怪物の無気味な唸り声に聞こえる。甲標的は伊号二二潜水艦の後甲板に傲然《ごうぜん》と居座った。

残る四艦の搭載作業も情況は同じだった。

「これに人間が乗って行くとは、帝国海軍もどえらいことを考えたものだ」

伊号22潜水艦長・揚田清猪中佐

感嘆する一方で、こんなつもりではなかったというのが五人の艦長の偽《いつわ》りのない感懐である。
昭和五年（一九三〇年）のロンドン軍縮会議で、日本海軍は潜水艦だけは米英にたいして十割を確保できた。それだけに新鋭艦の建造と兵員の訓練にけんめいの努力を重ねてきた。
活動する舞台は太平洋だから大型艦が多い。伊号潜水艦はすべて排水量千トンを超え、二千トン

甲標的搭載丙型潜水艦（伊16潜）

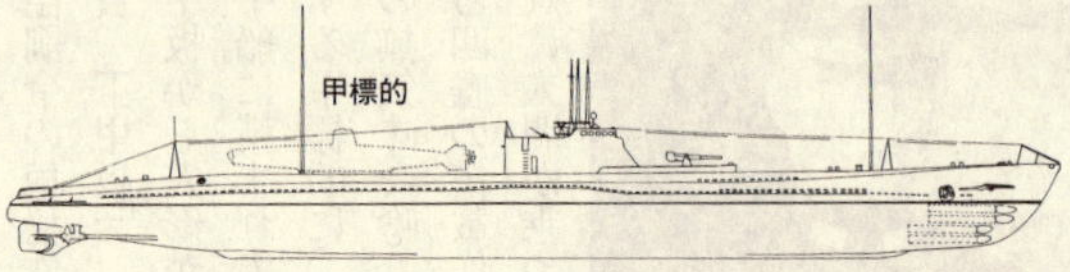

（作図:石橋孝夫）

はおろか三千トンの巨艦さえ保有していた。遠く大西洋で連合国のシーレーンをずたずたに断ち切ったドイツのUボートはわずかに七百トン。排水量だけでみると、日本海軍では二流の呂号級だ。
丙型と呼ばれた五隻の甲標的搭載艦は、いずれも竣工して間もない最新鋭である。水上速力は二十四ノットも出るから、主力艦隊にも随伴できる。航続距離がすごい。十六ノットで一万四千浬《かいり》、九十日も行動できる抜群の強艦だ。

艦長は、みなが太平洋で存分に活躍する誇らかな夢をいだいていた。

しかし、得体の知れない怪物を積むと、潜水艦本来の威力を発揮する機会が失われる。話がちがうというのが本音だと思う。

極秘ムードは、それだけに止まらなかった。甲標的自体も名前が変わった。特別格納筒、略して筒とは味気ない。いよいよ人間臭がなくなった。防諜のためとはいえ異常である。防諜に通常も異常もあるものか。もっともだが、ここで言う異常とは防諜の枠を超えた何かを感ずるということだ。

筒（甲標的。以下、まぎらわしさを避けて甲標的の名を継続）と搭乗員が以後どのような運命を辿るかはさておき、いずれはすべてを明かさなくてはなるまい。そのとき極秘の殻《から》に固く閉ざされていればいるほど、発表は爆発的な効果を生むだろう。

12 特別攻撃隊

故郷に別れをつげて帰隊した十人の搭乗員は、訓練基地を豊後水道に面した宿毛《すくも》に移した。近くの中条湾が真珠湾に似ているからである。五基の甲標的は、母艦「千代田」を、逐次発進して湾内へ進入していった。訓練コースは湾の奥にある弁天島を一周して帰投することである。その間ジャイロコンパスで針路を測定しつつ、潜航を主とする暗夜の訓練だった。母艦「千代田」は灯火をすべて消して、湾外に漂泊しながら五基の帰投を待った。

予定時刻に、ほぼ遅滞することなく、一基また一基と帰投してきた。最後の一基だけが座礁したが自力で脱出できた。しかし、発射管の頭部が潰れた。そうなると魚雷を発射できない。甲標的は戦闘力を失う。いや、モーターが動くかぎりまだ戦える。甲標的そのものが魚雷と化することだ。

特別攻撃隊総指揮官・佐々木半九大佐

問わず語らずのうちに彼らはみなそう思っていた。

その夜の訓練は、おおむね成功したと言えよう。帰投した者も、迎えた者も、自信を得た。しかし、両者は同じではない。前者は真珠湾に進入できるという決意めいた自信だが、後者は収容は不可能ではないという安易な希望にまぶされた自信である。

＊

しかし、甲標的には、兵器としての欠陥が少なからず残されていた。

攻撃の舞台を外洋から内湾へ変更したのだから、そのままではなにかと不都合だ。自慢の水中高速がかえって仇になっている。

これまではスクリューを方向舵の外側に取り付けてあった。高速を出すためだ。これでは舵の利《き》きが鈍い。低速で旋回圏を小さくするにはスクリューが内、方向舵は外だ。港湾侵入の最大の障害は防潜網だ。網切器がいる。自爆装置は搭乗員の切なる希望でもあった。

訓令は十一月十四日までにすべての工事を完了せよと厳しく迫ったが、とても無理だ。工廠側は悲鳴をあげた。戦艦「大和」の工事を一時中止すると居直ったが、一喝された。徹夜につぐ徹夜のフル操業でも十一月中旬が精いっぱいだった。

しかし、工廠の事情などおかまいなしに、部隊編成は着々と進んだ。

甲標的搭乗員の正式発令にともない、待機中の佐々木半九大佐は総指揮官に任命され、伊号二二潜水艦に座乗した。

五組の艇長と艇付はそれぞれの母潜に着任した。彼らの眉宇《びう》にみなぎる覇気は全乗組員を圧倒した。艦長はそれまで甲標的にたいして抱いていた小乗の心を恥じた。そしていざそのときを迎えたとき、彼らに発進を命ずる身であることを粛然と自覚した。

しかし総指揮官である佐々木大佐には、心の余裕や感傷などみじんもなかった。X日すなわち開戦の日が十二月八日と聞いて途方に暮れた。その前日までに真珠湾口近くに布陣するには、遅くても十一月十八日には出港しなくてはならない。

甲標的を内湾向けに改造する作業が予定どおりはかどったとしても、余すところはわずかに四日、これでは訓練する時間は全くない。それでも断固として甲標的を投入するのは、いったい何のためか。

さらに問う。甲標的を搭載する五隻の潜水艦からなる一隊に、特別攻撃隊の名が与えられた。その存在を意図的に強調する響きがある。

五基の甲標的は各艇二本、合計十本の魚雷が攻撃力のすべてだ。先遣部隊（ハワイ海域に出動する潜水艦部隊）は、

キャップをつけた甲標的の魚雷発射管の先端

二十七隻の大型潜水艦からなる大兵力である。ただし、二隻の司令潜水艦は魚雷を搭載していなかった。残る二十五隻は、各艦いずれも二十本の魚雷をそなえている。魚雷はみな口径五十三センチの大型だが、甲標的の魚雷は口径四十五センチの小型だ。

かりに威力は同じとしよう。潜水艦は20×25で五百本、甲標的は2×5の十本、潜水艦全体の二パーセントの攻撃力しかない。先遣部隊は二パーセントを当てにしないで潜水艦本来の攻撃に励む方が効果的ではないか。反論されるだろう、湾内に侵入できるのは甲標的だけだぞ、と。

しかし侵入は容易ではあるまい。親潜水艦を離脱して真珠湾港口までなお遠い。そこは一番の危険地帯だ。陸岸近くは隠《かく》れリーフが張り出し、潮流は激しくて複雑だ。哨戒艦艇は常時パトロールしている。さらに狭水道の防潜網を突破して何基が潜入できるだろう。

軍令部の事前の予測をききたい。成功率ゼロという無惨な数字が出てもおかしくないが、作戦を強行するからには、少なくとも一基の成功は見込まなくてはなるまい。そうなると、特別攻撃隊が真珠湾に運び込めるのは、二本の小型魚雷ということになる。

一方、機動部隊から発進する艦上機の大編隊は、空から四十本の魚雷を放つ。それに加えて八百キロ爆弾を五十発、二百五十キロ爆弾を百七十五発、六十キロ爆弾五十四発を投下することになっている。これだけの大空襲を決行するというのに、わずか二本の魚雷の支援がなぜ必要なのか。

戦果を云云《うんぬん》するかぎり、ついに答を見出せない。
この特別攻撃隊には、次元を異にする特別の任務があったと、いまや断言してはばからない。

13　ワレ真珠湾ニ死ナン

開戦一ヵ月前の緊迫した時期に、海軍大臣との要談をおえた連合艦隊司令長官山本《やまもと》五十六は、佐伯湾に在泊する第六艦隊の旗艦「香取」をおとずれている。長官清水《しみず》光美中将が不在のため、山本は手紙を参謀に托して去った。公式の訪問だとしたら先方が留守するはずがない。山本の搭乗機が何らかの事情で佐伯湾に不時着水したのだろう。私的な訪問を思いたつほどだから、山本と清水はよくよくの間柄である。

山本がその生涯でもっとも精彩をはなった海軍次官在任中に、清水は海軍省人事局長をつとめた。山本は清水の事務能力と篤実な人柄を愛し、清水は山本の卓抜した識見に傾倒《けいとう》した。

山本が連合艦隊の長官に転じてまもなく、全潜水艦を統轄する第六艦隊が編成された。潜水艦はロンドン軍縮会議で米英の掣肘《せいちゅう》をまぬがれた唯一の艦種だけに、日本海軍の力の入れようは非常なもので、第六艦隊は帝国海軍のなかの有力な大艦隊として格付けられた。

清水はその二代目長官に据えられた。山本の強力なバックアップのおかげだった。艦隊長官は親任官である。宮中に参内して天皇の拝謁《はいえつ》を賜うほどのたいへんな出世である。清水は山本に感謝した。しかし、あくまで私情に止《と》めてもらいたい。

清水は旗艦「陸奥《むつ》」に山本をたずねて謝意を述べた。清水を迎えた山本は、意中を明かした。

「君と南雲で作戦を実施してもらいたい」

南雲とは機動部隊をひきいる南雲忠一中将のこと。君と南雲とは潜水艦と飛行機の二大戦力を意味する。山本は清水とは親しいが、南雲に私的な言葉をかけることは全くなかった。日本海軍を二つに割った条約派と艦隊派という図式にしたがうと、山本は前者であり南雲は後者である。相容《あいい》れぬところがあって当然だが、山本は部下にたいする好悪《こうお》の情が意外と激しい。

それにしても国家の浮沈をかけた大戦に、連合艦隊の指揮をとったのは山本五十六であり古賀峯一である。両大将とも非戦を信条とした条約派に属している。全海軍を統率できるほどの器《うつわ》はやはり条約派に集まっていたということか。開戦前の日本海軍の良識を垣間見る思いがする。

しかし、昭和十六年（一九四一年）九月半ばは、もはやのっぴきならない時期に来ていた。軍令部はまだ山本の真珠湾空襲計画を了承していなかったが、山本は清水に意中を明かした。清水は山本の信頼に感激しただろう。

第一航空艦隊司令長官・南雲忠一中将

このとき山本は甲標的には触れなかった。まだ作戦に投入するつもりはなかったからだ。それからしばらくして山本は甲標的の採用に踏みきった。

その後は慌しく出撃準備がととのえられ、選ばれた十人の搭乗員は、母艦「千代田」乗組をとかれて第六艦隊の指揮下に入り、特別攻撃隊と命名された。以後、特別攻撃隊に関する命令はすべて第六艦隊司令長官の名で発せられる。

そして十一月十三日、各艦隊の長官・参謀長全員が岩国航空隊に参集した。山本が統裁する連合艦隊の最後の作戦会議に列席するためである。

清水は並みいる艦隊長官のなかで、とくに第一航空艦隊の南雲を意識した。二人は海軍兵学校の同期でもあり、それぞれが統率する第六艦隊と第一航空艦隊は緒戦の主役である。かって清水は山本に言われた。きみと南雲で作戦を実施してもらいたいと。その後に清水は甲標的の特別攻撃隊を傘下におさめた。第六艦隊の存在はいよいよ重い。清水は誇らかに気負っていた。

ところが、会議の後で清水は山本に呼ばれた。山本は清水に非公式に要望した。

「甲標的搭乗員の収容はきわめて困難だと思う。もし貴官が、生還不能と判断したら直ちに甲標的の出撃を中止してもらいたい」

清水は去就《きょしゅう》に迷った。山本には恩義があるし、上級者として心服もしている。これまで山本に対しては、ただの一度も異を唱えたことはなかっただろう。しかし、このときばかりは諾諾《だくだく》と山本の意に添うわけにはいかなかった。

軍令部の意向もある。戦後の述懐だが、作戦部長の福留繁《おぼつか》は証言した。

「特殊潜航艇の真珠湾攻撃は九十九パーセントまで生還覚束ないと予想していた。それは真珠湾の入口が頗《すこぶ》る狭隘で、湾内は錯綜しており、その上多数の艦船が所狭しと碇泊しているところに、数百機の航空機のめちゃめちゃな爆撃や雷撃に、湾内名状すべからざる混乱の中で操縦不如意《ふにょい》の甲標的を以て、奇蹟でもない限り脱出生還できようとは考えられない」

福留でさえ奇蹟でもない限りと言う。まして清水は直接の指揮官ではないか。生還不能と判断しないわけがない。ならば、直ちに出撃を中止せよと山本は言った。

しかし、福留のつづく言葉を聞こう。

「だがそれでいいのだ。この攻撃によってわが海軍の必死必殺の戦闘決意はきっと発揮されるであろう」

甲標的を駆る若者たちには、戦果よりも戦略的な貢献を期待されている。真珠湾に水漬《みづ》く屍と果てることこそ彼らの聖なる使命と言わんばかりだ。

出撃は是か非か、清水は山本の前で態度を保留した。しかし、残された時間は少ない。慌

11月13日、岩国で最終打ち合わせが行なわれた。前左端に清水長官、中央が山本長官

しく翌十一月十四日に、呉鎮守府の会議室で特別攻撃隊の作戦会議がひらかれた。

連合艦隊司令部から有馬水雷参謀も出席するので、会議はおのずと昨日の山本の要請にたいして清水が回答する場になる。第六艦隊司令部はそれなりの心構えをととのえて出席しただろう。

＊

一方の甲標的搭乗員だが、この日は艇付下士官もふくめて十人全員が出席したとも聞く。ゴードン・プランゲの著作『トラ・トラ・トラ』には次のように記されている。

「清水長官は親潜水艦の各艦長と甲標的に搭乗する各員に、各艇のとるべきコースを書いた命令書のコピーを手交《しゅこう》した」

おかしい。長官が命令書という極秘文書をこのような場所で、このようにばら撒《ま》くだろうか。

せっかくの極秘ムードが、こうもあっさりぶちこわされるはずがない。艇付下士官には、出港後の艦内で初めて作戦命令の詳細が伝えられるだろう。

しかし、『トラ・トラ・トラ』は、命令書を受け取ったときの佐々木一曹の感想をまことしやかに紹介している。

「私は感動して全身がふるえました。半ば覚悟はしておりましたが、死して任務を完遂せんという決意は、命令書を謹聴いたしました瞬間に固まりました。目標が明らかになり、何をなすべきかがわかったので、私は一死奉公、全力を尽くします」

はてなと思う。佐々木一曹は親を知らない不幸な育ち方をして口数が少なかった。自分の心境を語るような人ではない。遺書も日記も残していない。どなたか想像力の豊かな御仁《ごじん》が著者に進言した結果の文章だと思う。

帝国海軍には士官と下士官とでは歴《れっき》とした身分上の差別があった。会議に出席したのは、やはり五人の艇長だけだったと思う。改めてその官氏名を掲げる。

海軍大尉　岩佐直治（海兵六十五期）
海軍中尉　横山正治（海兵六十七期）
海軍中尉　古野繁実（海兵六十七期）
海軍少尉　広尾　彰（海兵六十八期）

海軍少尉　酒巻和男（海兵六十八期）

全員が海軍兵学校出身者である。

当時はまだ兵科予備士官を採用していなかったとはいえ、帝国海軍の純度がきわめて高い。彼らはこの日の主役である。

「とうとうここまで来てしまったか」とは、ペンを執る筆者自身の感懐である。特別攻撃隊の若者たちに、いつ誰が真珠湾攻撃の主力は、空母六隻を基幹とする大機動部隊であると伝えたのか、戦史の落丁は発見されないまま、ついに十一月十四日を迎えてしまった。

その日の会議を統裁するのは、先遣部隊の指揮官となった第六艦隊司令長官である。清水中将が甲標的搭乗員の前に姿を見せたのは、後にも先にもこのときだけだ。そうなると、もはや疑う余地はない。戦史の落丁は、この日の会議にあった。

第六艦隊司令長官・清水光美中将

空白を埋めよう。

岩佐大尉以下五人の艇長は初めて知った。彼らは真珠湾攻撃の補助的な兵力の一部に過ぎないことを。

一瞬の脱力感はまぬがれなかっただろう。激しい訓練に耐えてこれたのも、他に先駆けてアメリカ太平洋艦隊の本拠を衝《つ》くという心意気があったのは確かだから。

しかし、緒戦の真珠湾攻撃に日本海軍が全力を投入することを知って、彼らは新たな感動をおぼえた。こちらはこちらで応分の任務を果たすだけだと、却《かえ》ってすっきりした。

機動部隊のハワイ空襲は既知《きち》の大前提でもあるかのように、作戦会議は淀みなく進行した。長官清水の意を体した第六艦隊の先任参謀松村《まつむら》中佐は、繰り返し念を押した。

「味方の空襲が終わるまでは、絶対に攻撃してはならない。絶好の機会に恵まれてもだ。味方機が引き揚げるまでは、じっとがまんしてくれ。事前に甲標的の所在が露見すると、敵は直ちに配置に就くだろう。奇襲に失敗したら、わが方の作戦すべてがぶちこわしになる。わかったな、くれぐれも注意するように」

じっとがまんするのも生きていたらの話だ。湾口はアメリカの艦艇が、常時パトロールしている。無事に突破するのは至難のこと。なんとか潜り込めても、真珠湾の水は澄み、水深わずかに十数メートル。逃げも隠れもできやしない。体力も気力も限界だ。

それでも、開戦時刻までは、じっとがまんする。しかし、空襲がはじまって味方の爆弾でぶっ飛ばされても文句を言うなとは、一体《いったい》何のために真珠湾に行くのか。

彼らのぼやきではない。筆者の悲憤である。五人の青年士官たちは黙って耐えた。

会議の進行状況は、おのずから昨日の山本の要請にたいする清水の回答になった。

「搭乗員の収容は不可能とは判断いたしません。だから攻撃を決行します」

山本の名代《みょうだい》として出席していた有馬参謀は呟《つぶや》いた。

「収容の方策や如何《いかん》」

先任参謀が清水に声を投げた。

「長官、続けます」

「続けたまえ」

なくもがなのやりとりもそれなりの意味があったのだろう。先任参謀は声を改めた。

「問題は攻撃する時期だ。昼間の明るいときだと敵に反撃される。そうなると湾外脱出はきわめてむつかしい。搭乗員の生還は望めそうもない。そこで従来の計画を若干修正する。攻撃するのは暗くなってからだ。夜間攻撃の夜間脱出、これなら搭乗員の収容にも希望が持てる。したがって開戦日の日出前に湾内に潜入し、そのまま沈座して夜を待つ。攻撃終了後は夜陰にまぎれて湾外に脱出せよ」

澄んで浅い敵地の海に着底して昼の日中のまる一日待てとは、無理無謀にも程《ほど》がある。その間に真珠湾は空と海との熾烈な戦場と化すだろう。海の底から戦争見物でもしてろというのか。今度は筆者の悲憤だけに止まらなかった。

聞いていた五人の青年士官は一斉に声を発した。

「先任参謀！」

彼らは艦隊司令部の指示に不平不満をとなえたりはしない。しかし、拙劣な作戦行動にたいしては、猛然と所信を吐く。海軍では、これを意見具申という。岩佐大尉が代表して述べた。

「われわれが攻撃する時機は、味方の航空攻撃の直後にしていただきたいのです。敵に混乱から立ちなおる隙をあたえない方が一段と戦果があがると確信します」

きわめて妥当な意見だが、艦隊司令部の反応は鈍かった。

「昼間の攻撃では搭乗員の収容が困難になるではないか」

けたはずれの温情を持ち込まれて、さすがの岩佐大尉も気色《けしき》ばんだ。

「われわれはただの一度も収容訓練をしていません。する必要がないからです」

「しかしだな」

「聞いてください。生きて帰ろうなどと思っている者は、われわれには一人もいません」

岩佐大尉は決意を表明した。

「ワレ真珠湾ニ死ナン」

軍人は死に近く位置する者ほど他を圧倒する。場内は粛然と沈黙にとざされた。清水には その場を収拾する責任がある。

「攻撃に転ずる時期は重大である。いますぐ協議してもらいたい」

甲標的の五人の艇長は特別攻撃隊指揮官佐々木《ささき》大佐と親潜水艦の五人の艦長をまじえ、別室で艦隊司令部と協議した。

結論を得るには折衷案しかない。昼間の攻撃でも脱出は必ずしも不可能ではないというかなり苦しいロジックを掲げたうえで、攻撃は第一波空襲の直後を原則とした。ただし状況次第で夜を待つ。

要するに、艇長の判断にゆだねることを清水は了承した。かつて新造艦伊二四潜を特別攻撃隊に加えるか除くかでもめたときも、清水は艦長の所信にゆだねた。よきに計らえとは、まるで時代劇のお殿《との》さまだ。

清水とその幕僚たちは、真珠湾からの脱出をどのように捉えていたのだろう。

甲標的は小回りがきかない。後進もその場での方向転換もできない。だからフォード島を左に見ながら、ぐるりと一周して脱出せよという。

そのフォード島は戦艦市場といわれるほどに、アメリカ太平洋艦隊の主力艦が数珠《じゅず》つなぎに碇泊している。空からの味方の空襲が、ここに集中することはまちがいがない。甲標的も絶好の射点をもとめて、戦艦群を真近に見る位置に沈座しているだろう。

味方の空爆から難をまぬがれることでさえ奇蹟に近いのに、猛爆に潰えた戦禍の生々しいフォード島を一周して脱出して来いとはよくも言えたものだ。搭乗員の生還には、かくかくかように意を注いだ、という山本への弁明か。あえて言おう。稚拙な詭弁《きべん》である。

14　長官山本の憂患

その翌日に、艇付下士官五人もくわわり十人がそろって連合艦隊の旗艦「長門」を訪れた。山本に招かれたからである。司令長官が下士官をふくむ下級将兵に直《じか》に訓示するなど、かって例がない。彼らは山本の激励を期待して長官公室に伺候《しこう》した。

山本が有馬高泰参謀一人をともなって、姿を見せた。十人は不動の姿勢をとって各個に挙手した。山本は礼を返した。彼の挙手は格調高いと日頃からの評判である。若者たちはそれぞれに山本とマンツーマンの目と目を交わした。若者たちは感動した。決意を新たにした。

しかし、山本の言葉はそれを否定した。

「真の勇者とはいたずらに死を急ぐ者ではない。戦機未だ至らずとみたら、躊躇することなく他日を期することこそ真の勇気である」

かつて岩佐は、山本の前で熱っぽく訴えたが、この日は山本が一方的に諄諄《じゅんじゅん》と説いた。語り手と聞き手が入れかわったが、あのときとこのときと二人には共通する表情があった。どちらも涙を滲《にじ》ませていた。

前途有為の若者を無駄に死なせてはならない。山本の想いが募《つの》ればつのるほど、若者たちは恩愛の情に答えようとする。この長官のために死のうと。逆の結果を招くと知って山本は思い悩んだ。

二日後の十一月十七日、出撃を明日にひかえて特別攻撃隊関係者の最後の打ち合わせが行なわれた。

会場となった呉の水交社にあわただしく駈けつけた男がいた。邦人引き揚げの最終便大洋《たいよう》丸《まる》の見習航海士に扮して、太平洋を東へ一周りしてきた松尾敬宇中尉である。

彼は甲標的搭乗員の目で真珠湾周辺の海を偵察してきた。ハワイで接岸したのはホノルルの商港岸壁だから、真珠湾港口は遠くはなれている。双眼鏡ではるかに望んだだけだが、入手した情報をくわえて概況を説明した。現地を目のあたりにしただけあって、言うことが具体的である。

松尾敬宇中尉。熊本県出身

「母潜を離脱して港口から十浬《かいり》地点に到達したころに、潜望鏡を露頂してみてください。ホノルルの赤や青の街の灯が見えます」

岩佐大尉が言った。

「浦島太郎だよ、貴様は」

松尾中尉の留守中に、甲標的の発進地点が変更された。以前は親潜水艦の安全を考慮して、湾口から三十浬と定められていた。妥当な距離である。

しかし、乗員の収容に万全を尽くせという連合艦隊司令部の要請にこたえて、親潜水艦はさらに前進して湾口からわずか十浬の至近距離まで甲標的を運ぶことになった。

佐々木指揮官が補足した。

「帰り道が長い、行きはできるだけ短くしておかんと電池がもたん」

親潜水艦が湾口近くまで前進してくれることに搭乗員は感謝した。しかし、現地を見てきた松尾中尉ははらはらさせられた。

「湾口十浬が限度です。それから内はアメリカ海軍の駆逐艦が一直四隻で常時警戒しています」

松尾中尉の報告は次第に熱を帯びてきて、会議の席は臨場感にあふれた。

「ホノルル周辺では、ひときわ高いコナファヌイ山とダイヤモンドヘッドを見通して位置を確かめ、湾口へ向かってください。磯波がぶっつかり合うカウンターカレントがかなり複雑で強いから、要注意です。湾口の西側の浮標は灯火を消してますが、東側のアロハポイントは点灯しています。そして、ヒッカム飛行場のでっかい格納庫が目印になります。

真珠湾へ入る狭水道には、防潜網があるけど、張りっぱなしということはありません。艦船の出入時には、通行可能です。大丈夫ですよ。潜入できます。攻撃は成功すると確信して帰ってきました」

軍令部の有泉龍之助参謀がさらに雰囲気を盛り上げた。彼は甲標的の使用法を洋上攻撃から泊地攻撃に切りかえた最初の参謀であり、特別攻撃隊の誕生にあずかって力がある。

「進撃の途上で、ハワイ方面の状況については、そのつど軍令部より無線通報する」

会議も終ろうとする頃になって、それまで沈黙していた連合艦隊の有馬参謀が、五人の艇長に伝えた。

「若い情熱の赴くままに死に急ぐことのないよう、これが山本長官の諸士にたいするはなむけの言葉である」

執拗なまでに甲標的の出撃に制動《せいどう》をかけた山本の心情を、いますこし追ってみよう。

生還不能の命令は用兵の道にそむく――その信念をつらぬきながら若者たちの憂国の至情にほだされた一瞬の情愛が、当の若者たちを自殺的な死へ追いやる結果をまねいてしまった。生還不能と知りつつ、死に急ぐなと説くのは虚《むな》しい。説けば説くほど若者は感謝の心もて死に急ぐ。山本は自家憧着《どうちゃく》に苦しんだだろう。そこには人間山本の赤裸な姿がある。しかし、彼は連合艦隊司令長官だ。その職責を問われる。

山本は出撃中止を非公式ながら清水に要請したが、清水には荷が重過ぎることを承知していただろう。軍令部は戦略的立場から甲標的の出撃をつよく支持し、海軍省は救国の新兵器と銘打った甲標的の成果をためす絶好の機会と見ている。二つの権威に立ち向かうなど、清水にできるわけがない。

しかし、山本にはできたはずだ。数日後に宮中に参内《さんだい》して勅語を賜わったほどではないか。

「朕、茲《ここ》ニ出師《すいし》ヲ命ズルニ当タリ、卿ニ委スルニ連合艦隊統率ノ任ヲ以テス……」

にもかかわらず、山本は権限を発動しなかった。情勢がここまで逼迫《ひっぱく》すると、山本といえども時代に奔弄《ほんろう》される存在でしかなかったのか。

青年士官たちは、餞《はなむけ》の言葉への返礼として、山本に寄せ書きをとどけた。

尽忠報国　海軍大尉岩佐直治
至誠　海軍中尉松尾敬宇
断じて行へば
鬼神も之を避く　海軍中尉横山正治
沈勇果断　海軍中尉古野繁実
七生報国　海軍少尉広尾　彰
細心大胆　海軍少尉酒巻和男
昭和十六年十一月十七日　於呉水交社

横浜港に接岸するなり大洋丸のタラップを駈け降りてきた松尾中尉も名を連ねている。つぎのような事情があった。

会議が終わるなり、彼はとんぼ返りを申し出た。ハワイの海は、自分がいちばんよく知っている。ぜひとも特別攻撃隊の一員に加えてくれと切願した。その結果、佐々木指揮官が座乗する伊号二二潜水艦に予備搭乗員の配置を得て、共に戦場へ赴くことになった。

今日帰ったばかりだというのに、明日はまた遠くハワイの海へ出かけるという旺盛な攻撃精神は、甲標的搭乗員全員に共通している。

命令する側の高官たちはどう思っていたのだろう。はじめはみなが甲標的の真珠湾進入はとても無理だとなかば投げていたが、搭乗員の不退転の決意にふれると、困難だが不可能ではないと箍《たが》をゆるめた。ひとたび安易な期待感にとりつかれると、幻想は自動的に膨《ふく》らむ。

「真珠湾に何本火柱が上がるだろう。一本、いや二本、いやいや……」

当の第六艦隊の長官清水がいい例だ。戦後の回想録に誌している。

「搭乗員の収容に見込みがないときは、甲標的による攻撃は一切とりやめるよう、私は深く山本長官から念を押されていました。ところが、翌日の会議で搭乗員たちはすこぶる意気軒《けん》昂《こう》たるものがあり、生還することなどまったく眼中にない有様でした」

だから出撃させることにしたばかりか、特別攻撃隊は大成功に終わると確信したという。

清水に限らない。多くの上級指揮官が若者たちの旺盛な攻撃精神にもたれかかっている。彼らは旺盛な攻撃精神とやらをまったくわかっていない。

新兵器には操作のマニュアルはない。試行錯誤をくり返しながらなじんでいくしかなかった。機械の欠陥を人間の練度でおぎないながら、彼らは訓練中に、ただの一人も殉職者を出さなかった。偶然の奇蹟などと言っては罰が当たる。

彼らは兵器の性能に不信をいだいたり、任務に疑問をもったりは決してしなかった。弱気になるとたちまち失格する。失格とはすなわち死だ。一切の迷妄《めいもう》を砕くためにも、強烈な目的意識を保ちつづけなければならなかった。

真珠湾で手柄をたてて、あわよくば生きて帰って来よう。そんな虫のいい腑抜《ふぬ》けた根性では、出かける前にくたばってしまう。

「ワレ真珠湾ニ死ナン」

彼らを支えた強烈な目的意識とはこれである。他人はそれを旺盛な攻撃精神と呼ぶ。それは直ちに戦果につながるものではない。

搭乗員は決して大言壮語しなかった。真珠湾に火柱を立てることの困難を、いちばんよく知っているのは、甲標的を駆る彼ら自身に他ならないからだ。

作戦計画では、開戦前夜に五隻の親潜水艦が真珠湾口十浬《かいり》という危険なほどの至近距離まで接近し、翌八日の午前零時以降に三十分間隔で、逐次、甲標的を発進させることになっていた。

出撃が数日後に迫ったとき、岩佐大尉は佐々木指揮官に発進順序の変更を申し入れた。それまでは岩佐艇が真っ先にとび出すことになっていたが、横山艇を先頭にして広尾艇、酒巻艇、古野艇とつづき、岩佐艇がしんがりをつとめたいというのである。

順序変更は、作戦そのものに影響しないから、佐々木指揮官は軽く了承した。しかし先任の岩佐大尉が先頭から後尾に回るというのは、重大な内部事情があってのことだろう。

彼らは機会あるたびに状況を分析し、自分たちの作戦行動を検討した。

米軍は湾外の警戒を日ごとに強化するだろう。親潜水艦は甲標的の発進直前に艇首をピタリと湾口へ向けてくれるが、離脱して以後ジャイロコンパスだけを頼りに湾口に到達するのはきわめて難しい。

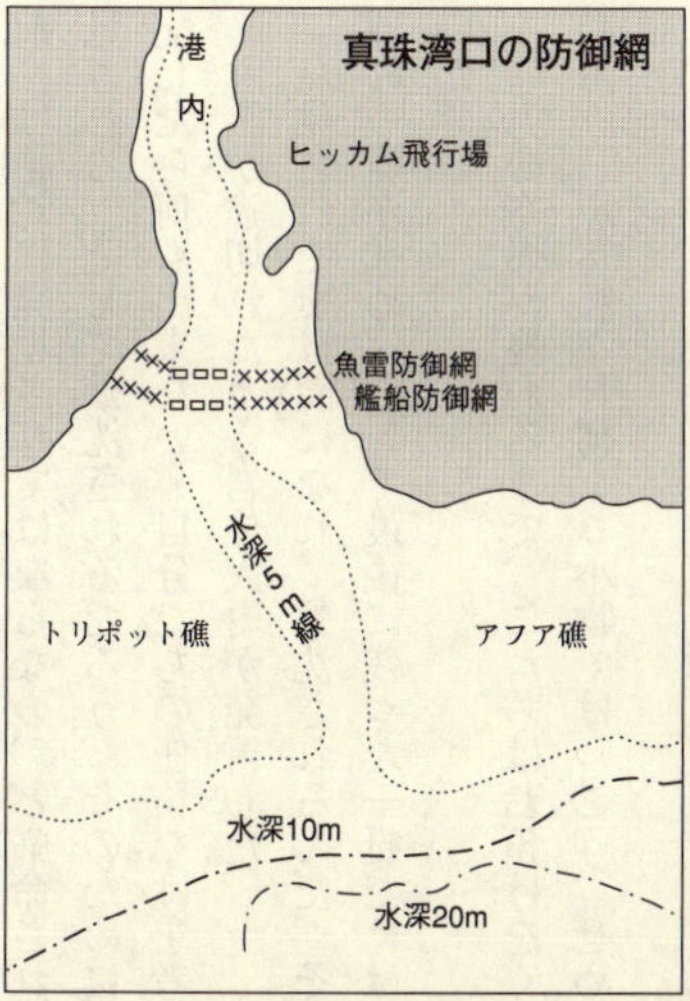

リーフを切りひらいた水路は複雑で潮流が激しい。潜望鏡の助けがいる。湾内へと通ずる狭水道に張られた防潜網をくぐり抜けるには、入港する艦艇の後をつけるしかない。海中に停止してチャンスを摑《つか》みたいが、甲標的にはハンギングする性能がない。着底するか、浮上するかだ。鰈《かれい》や鮃《ひらめ》のように底に張りついていたら状況は何もわからない。最微速で海中を動きただよいながら、ときどき潜望鏡を上げてみることだ。

発見されるおそれが多分にある。開戦

前には絶対に発見されてはならない、と厳命されているが、とても無理だ。まちがいなく発見される。そして撃沈されるだろう。そのために味方の奇襲攻撃はどうなるか、そこまで心配したら何も出来ない。自分たちの任務だけを考えろ。そこでどうするかだ。

討議《とうぎ》が途切れたとき岩佐大尉が発言した。

「発見された艇は囮《おとり》になれ。撃沈されるんだ。その隙に他の一艇が進め。それもやられたら別の一艇が進め。そして最後に残った一艇だけは、なんとしても湾内潜入を果たそうじゃないか。

味方の空爆が終わるまで、こっちはお預けをくってるんだ。目ぼしい大物にはありつけんだろう。駆逐艦なり何なり小物でけっこう、せめて一艦だけは必ず俺たちで葬《ほうむ》ろう。な、みんな」

岩佐大尉の一語がみなを結束させた。そして発言が相ついだ。

「最後の一艇は分隊長です」

「岩佐大尉は最後に発進してください」

部下のたっての要望に応えて、岩佐は了承した。そして彼自身の要望を返した。

「横山中尉、先頭を頼む」

リンゴの愛称がまだ消え残っている温容の薩摩隼人は、隊員の中のナンバー2である。異存のあるはずがない。新たな発進順序はこのようにして決まった。

遺書には誰もがほんとのことを書く。別の言い方をしよう。遺書で初めて心の内を明かす。

岩佐は両親に宛てて、格調高い訣別の文を綴った。その一部を引用する。

「この行《こう》果しえばのち果つるともおほめ下されたく、また行《こう》なかばにして果つるとも直治の魂のおもむくところを得さしめられたく……」

簡潔ながら実に多くを語っている。たとえ命を捨てることがあっても、任務を果たすことができたらほめてくださいとはなんと謙虚な、言外に先立つ不孝を詫びている。

そして〈行《こう》なかばに果てる〉という禁句をこのとき初めて洩らした。途中でやられることを覚悟していても、彼らは決してそれを口にしなかった。他を憚《はばか》るよりも自分にブレーキをかけることになるからだ。

彼らは黙々と訓練に励み、ひたすら真珠湾を目指した。内なる覚悟の在《あ》りようは各人各様だろうが、岩佐はけんめいに言葉をかざった。〈直治の魂のおもむくところを得さしめられたく〉と。

二十代の若者が到達したあっぱれな境地である。

彼らには敵艦轟沈《ごうちん》などと客気《かっき》をてらう心のかけらもなかった。

広尾少尉の絶筆がある。葉隠武士の伝統に育まれた最年少の士官らしく、真珠湾に死所を得ることを誇らかに謳《うた》いあげたそのあとに、次の一行を書きくわえた。

「将来新兵器の益々《ますます》発展せんことを念願す。百難の後にこそ光明《こうみょう》はあれ」

広尾少尉は甲標的を有難がってもいないし、満足もしていない。弱冠二十二歳だ。より長く激しく強く戦いたいと思って当然である。百難はおれたちがひっかぶるから、おれたちが戦死した後は、もっともっと搭乗員の命を大事にする新兵器が現われてほしいという痛切な叫びである。

命令する側の高官たちは、搭乗員の真実の姿を知らなかったし、知ろうともしなかった。特別攻撃隊は大成功に終わるだろうなどと言えた義理ではない。

＊

特別攻撃隊の名は同じでも、これは三年後に出現した人間魚雷回天《かいてん》にまつわる話である。回天も甲標的と同じように潜水艦に搭載されて戦闘海域へ出撃していった。出港後に搭乗員は軍医長から茶封筒を渡されたという。中には青酸加里が入っていた。いざというときの自決用である。

筆者の取材に応じてくれた園田一郎少尉は、三度も出撃しながら発進の機会を得ず、奇蹟的に生還した学徒出陣の予備士官である。彼の証言によると、茶封筒の裏には海軍とだけ印字されていたとか。死を突きつけながら名を明らかにしないとは、非情非礼もはなはだしい。では誰の名を記すべきか。軍医長ではない。艦長でもない。戦隊司令か艦隊長官か。みなちがう。上へ上へと辿ってみても、これだという官職名も個人名も見出せない。結局、茶封筒の二つの印字〈海軍〉は適切だったのだ。

昭和20年６月４日出撃の回天特攻轟隊、伊36潜の面々。前列左３人目が園田一郎少尉

〈海軍〉とは帝国海軍の深奥をしめる人格なき形而上《けいじじょう》の絶対者である。

甲標的特別攻撃隊出撃の経緯をさぐるとき、筆者は〈海軍〉の想いを新たにした。

出撃を明日にひかえて関係者は、呉の水交社に壮行の宴をはった。悲壮感を吹き消すように明るく盛りあがったが、宴果てたのちに連合艦隊の水雷参謀有馬《ありま》高泰中佐は、特別攻撃隊指揮官佐々木《ささき》半九大佐を別室にまねいた。

「長官は必ずしも甲標的の真珠湾潜入を希望しておられません。強行する必要もないとのお考えです。それでもなお決行なさるときは、搭乗員の収容に万全を期すよう、くれぐれも指揮官に伝えておくようにとのお言葉でした」

時が時だけに仁将山本に涙するよりも、それほど否定的ならなぜ出撃を中止しなかったのかという疑問の方が先に立つ。

軍令と軍政と用兵と鼎立《ていりつ》する三者の均衡をくずすことは慎まなくてはいけないが、戦闘に関するかぎり連合艦隊司令長官は全能だ。出撃を中止する理由はいくらでもあった。甲標的の行動が事前に発覚すると奇襲攻撃は失敗する。この一事だけでも十分に説得力があるではないか。山本ともあろう者が、なぜ、思うままに断行できなかったのだろう。

筆者には茶封筒の裏にあった二つの文字がちらついてならない。山本をためらわせたのは〈海軍〉——この人格なき形而上の絶対者である。他に理由を見出せない。

有馬参謀は佐々木指揮官をひどく困惑させたと思う。当世風にたとえると、中間管理職が上司に激励されている最中に、いきなり社長からこっちはやる気がないからそのつもりでおれと言われたようなものだ。

ではやめますと言えるのは娑婆《しゃば》での話。ここは命令の下達《かたつ》によってのみ動く軍隊である。佐々木指揮官は直属する第六艦隊司令部をさしおいて物申せる立場にない。黙ってうなずくしかなかった。

有馬参謀はさらに私見をくわえて追い討ちをかけた。

「もし作戦を強行して搭乗員が全員戦死するようなことにでもなったら、長官は二度と甲標的を使用されますまい。そのことを承知された上で指揮されますよう、担当参謀の私からも切に申し上げておきます」

佐々木指揮官は苦しい返事をした。

「よくわかった。若い者たちを無駄に死なせるようなことは、絶対に致しませんと長官に伝えてくれ」

自信があってのことではないが、指揮官としてやれるだけのことはやったつもりだった。甲標的を湾口十浬まで運ぶことに第六艦隊司令部は難色を示した。当然である。敵地の陸岸を指呼《しこ》の間に望むほど接近したら、五隻の親潜水艦に危険が及ぶ。しかし、それを恐れていたら搭乗員の生還は望めない。佐々木指揮官は強硬に主張した。

「搭乗員を生還収容せよと、山本長官からも強く指示されています」

清水は山本に弱い。第六艦隊司令部はこれを了承した。しかし、佐々木指揮官には非情の任務が重くのしかかっていた。

甲標的は潜水艦の後甲板に後ろ向きに積載されている。発進時に甲標的の頭部を湾口へ向けると、潜水艦の艦首は外洋を向く。片や進み、片や退く姿勢である。

情として忍びないが、甲標的が離脱するなり潜水艦は全速で避退する。そして日没を待ち、収容地点で待機する。親潜水艦は甲標的が発する電波をとらえて方位を測定し、水中信号で誘導することも考えてはいたが、そのような訓練はただの一度もおこなっていない。それに音波を出して潜水艦を危険にさらしてまで助かろうとするような搭乗員は一人もいない。

こんなことでは救出はいよいよ覚束《おぼつか》ない。佐々木指揮官は、いつしか自分が山本長官の意見に傾きつつあることを意識した。

15 両舷前進微速

佐々木指揮官は揺れる心をそのままに、十一月十八日を迎えた。特別攻撃隊出陣の日である。関係者はもう一度、打ち合わせのために司令潜水艦である伊二二潜の士官室に参集した。

この期に及んでまたかの感があるが、特別攻撃隊は完全な無線封止を厳命されている。五隻の潜水艦は大きく散開して航行するから互いの艦影を視認できない。互いの連絡も一切できない。作戦の歯車に狂いが生じないように、最後の確認をとっておく必要があった。

佐々木指揮官は伊号二二潜に座乗して出動するが、操艦の指揮は艦長がとる。甲標的の行動はすべて艇長にゆだねられている。出港後は他の四艦の姿さえ見ることはないだろう。

特別攻撃隊指揮官の名はあっても、実のないことを自覚せざるを得なかった。残された数時間を彼はけんめいに指揮官の名に値する存在であろうとした。

関係者全員が確認し合った最終的な作戦行動の概要を示す。

一、進撃ルートはミッドウェー島とウエーキ島の間を抜く中央航路とする。航行隊形は司令艦伊二二潜を中心に北と南に二隻ずつ、北から伊二四潜、伊一六潜、伊二二潜、伊二〇潜、伊一八潜となる。搭載する甲標的は、北から酒巻艇、横山艇、岩佐艇、広尾艇、古野艇の順になる。各艦の距離は二十浬とする。

（事実、五隻の潜水艦は、三六〇度の水平線にかこまれた洋上に、ただの一つも艦影を見ることなく東進した）

ミッドウェー島とウエーキ島の六〇〇浬哨戒圏に到達して以後は、昼間潜航（四ノット）夜間水上航行（十四ノット）で進撃する。
一、開戦二日前の日没時までに真珠湾口一〇〇浬圏内に到達、甲標的の整備を完了し、以後、隠密裡に（潜航して）発進地点へ前進する。
（湾口三十浬にせまったころ伊二二潜は浮上した。当時は搭乗員が艦内から直接、甲標的に移乗する交通筒の設備がない。乗艇するには艦が浮上しなければならなかった。このとき伊二二潜は出港以来十九日ぶりに初めて浮上する僚艦の艦影を見たが、互いに信号を交わすことなく潜没した）
一、発進地点は真珠湾口を包みこむかたちで前列に左から伊一六潜（横山艇）と伊二〇潜（広尾艇）、後列に左から伊二四潜（酒巻艇）、伊二二潜（岩佐艇）、伊一八潜（古野艇）による逆扇形とし、開戦日の午前〇時以降三〇分間隔をとり港口確認の上、逐次発進する。
発進順序は横山艇、広尾艇、酒巻艇、古野艇、岩佐艇の順とし（実際には横山艇が先頭を切ったが、他は順序が乱れた）、最後尾の艇は日出時より一時間前に湾口を通過せよ。
一、甲標的は湾内進入後、沈座して待機し、機動部隊の第一次空襲以後に攻撃に転ずる。

ただし状況により日没後に攻撃することを妨げない。攻撃終了後はフォード島を左に見ながら一周して湾外脱出を果たし、収容地点へ向かう。

一、潜水艦は甲標的発進後、ただちに定められた哨区に位置して、湾内から脱出する敵艦船攻撃の任につく(事実は戦果ゼロである)。日没後、浮上してラナイ島西方七浬の第一収容地点に移動、浮上停止して甲標的の帰投を待つ。

二日目の夜は、伊一六潜と伊二〇潜が同地点に、伊一八潜、伊二二潜、伊二四潜は同島南方十浬の第二収容地点で待機する。

一、帰投すれば搭乗員のみ収容し、艇は自爆装置を作動して自沈する。

佐々木指揮官は作戦上のこまかい注意をあたえて、打ち合わせを次のように締めくくった。

「重ねて申し添えるが、成功の見込みがないと判断したときは、甲標的の使用を強行するにはおよばない。搭乗員の収容にあたっては収容する方もされる方も共に最善を尽くすように」

連合艦隊の有馬参謀は、適切な訓示とうけとめたが、中にはへっぴり腰で戦さができるかと抵抗を感じた者がいたにちがいない。佐々木指揮官も懸念したのか言葉をたした。

「もしアメリカ艦隊の主力が真珠湾ではなくラハナイ泊地にいるとわかったら、甲標的および潜水艦による乾坤一擲《けんこんいってき》の総攻撃を敢行する」

言葉だけは勇ましかったが、出陣のムードが高まることはなかった。

12月7日の潜水部隊配備

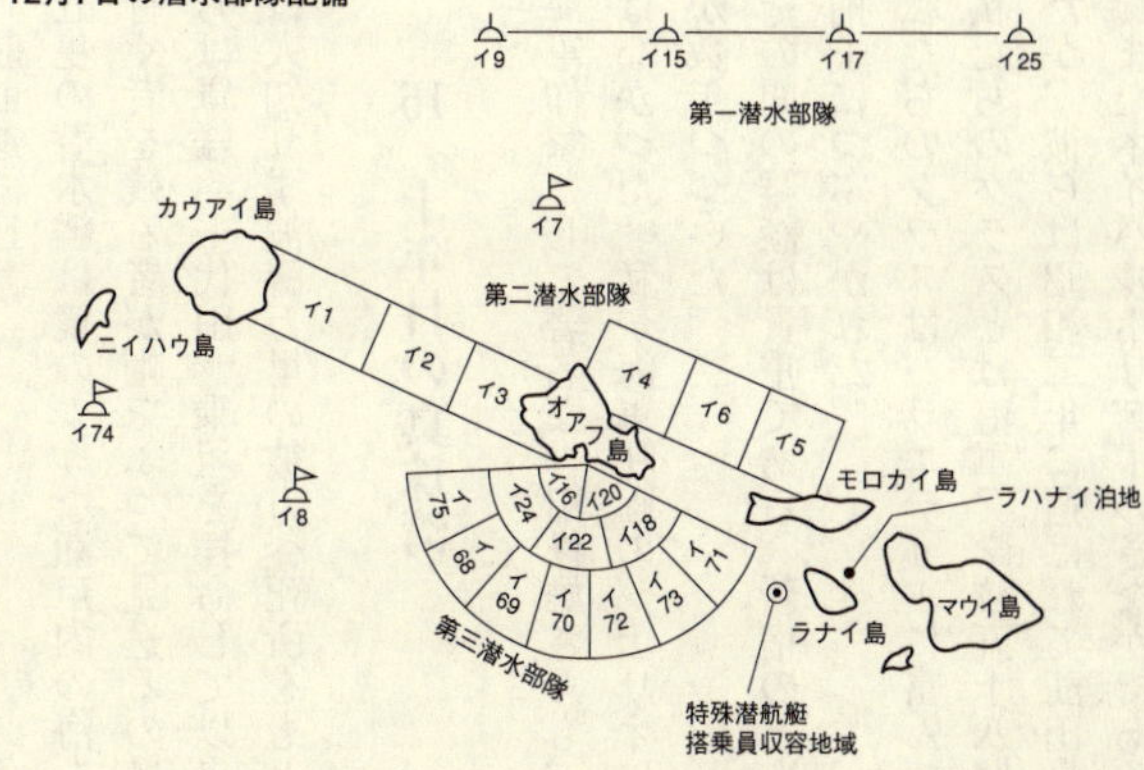

軍令部の有泉龍之助参謀は、紙と筆墨《ひつぼく》を用意していた。

「指揮官、一筆願います」

佐々木指揮官はこれ幸いと日頃の健筆を揮《ふる》った。

「確天佑誓神明期成功」

その題書を中心にして、五人の艦長と甲標的を駆る五人の艇長がそれぞれの官氏名を書き添えた。

「岩佐大尉、頼むよ」

有泉参謀に請われて岩佐大尉も大書した。

「尽忠報国」

その文字を囲んで五人の艇長が名をつらねた。

軍人は官氏名を自署するとき、粛然とおのれの使命を自覚する。出陣のムードは一気に高まった。冷酒を酌《く》んで乾盃するとき、場内に雄叫《おたけ》びがどよめいた。

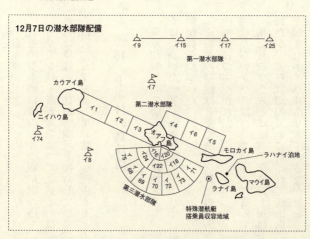

「両舷前進微速」

五隻の潜水艦は鏡のような瀬戸内の海を、すべるように宵の闇へと消えていった。

行く者を残る者が帽をふって見送るのは、日本海軍の醇風美俗である。しかし十人の若者たちは軍艦「千代田」乗組を拝命して以来、ついに一度も帽振れの感激に浴していない。彼らは人知れず波濤万里の彼方へ死所をもとめて鹿島立った。

16　十年目の真珠湾

海軍作家として著名な吉田俊雄さんも、戦後十数年が過ぎたころは、まだそれほどお忙しくはなかった。私が海軍映画のシナリオに取り組むたびに、何かと助言をくださるという間柄が数年つづいた。

その間の雑談は貴重である。新宿のとある旅館に二人で籠《こも》っていたとき、吉田さんが何かの拍子につぶやかれた。

「私たちのクラスはバラエティーに富んでましてね、私みたいな軟派《なんぱ》もいるし」

私たちのクラスとは海軍兵学校五十八期である。吉田さんは体調をくずされて一クラス遅れたが、彼らは昭和二年に選ばれて江田島に結集した。時代は大正から昭和に移り変わったが、まだネイバルホリデーのさなかである。

軍縮時代にあえて海軍士官を志した若者たちは凡庸《ぼんよう》ではない。機会があったら、海軍兵学校五十八期について論じてみたい。

私みたいな軟派とは、元海軍士官の言葉としてなんともユニークである。軟派とは鼻の下が長い伊達男《だておとこ》を言うのではない。考え方が柔軟であるという意味に受けとれた。

元軍人の硬派《こうは》は要注意だが、軟派には心を許せる。だから私は打ち明けてみる気になった。甲標的を駆って真珠湾攻撃に参加した十人の若者たちは、事前に二階級特進制度のターゲットにされていたという仮説を。

吉田さんはうなずきながら耳を藉《か》してくださったが、さすがは軟派である。自らの意見をひかえてより確かな権威をさがそうとされた。

吉田俊雄元海軍中佐

「折田に訊《き》いてみましょう」

折田とは折田善次氏のこと。氏の戦歴はめざましい。人間魚雷回天を搭載する伊号四七潜水艦の艦長として、たびたび戦場に赴いた。そして戦後、海上自衛隊がようやく遠洋航海を実施するまでに成長したとき、氏は練習艦隊の司令官としてフリゲート艦にひさびさの軍艦旗をひるがえしながらパールハーバーに入港した。日本の軍艦がかつて

伊47潜水艦長・折田善次少佐

の敵アメリカの軍港に投錨したのはこのときが初めてである。

新宿の旅館の一室から吉田さんはダイヤルを回した。運よく電話はすぐに先方につながった。

「真珠湾の特別攻撃隊についてだがね」

それだけ言うと、吉田さんは早くも聞き手にまわった。先方が、一方的にしゃべっているらしく、吉田さんはうん、うんと頷《うなず》くだけだった。その表情から察して、先方はかなりエキサイトしている様子がうかがえた。そのムードが聞き手にも伝わったのか、旧交をあたためるような会話は一切なく、

「どうもありがとう」

その一言だけで吉田さんは受話器を置いた。

「折田が言ってました。リーフを切り拓《ひら》いたパールハーバーの入口はカウンターカレントがすごくて、水上艦艇でさえ十六ノットを出さないと動きがとれんそうです。そんなところへいきなり、『誰だっ、突っ込ませたのは……』と」

先方の悲憤を自ら私に伝えた。吉田さんの声は湿《しめ》っていた。

＊

昭和十六年十二月六日の夜半どき（ハワイ時間）も、真珠湾口周辺の海は水上艦艇に十六ノットを強要する難水路に変わりはなかっただろう。岩佐大尉以下十人の若者は、五艇の甲標的に分乗して、ほぼ三十分間隔をとって母潜を離脱した。

前進後退ままならず転舵も意にまかせない劣悪な運動性だけでも苦労するのに、湾口の警戒はきびしい。敵の眼を避けるには、潜《もぐ》りっぱなしで行くがいい。しかし、ジャイロコンパスの針が揺れ動いて静止しない。激しい潮流に艇が奔弄《ほんろう》されるからだ。潜望鏡を上げると攻撃される。爆雷をあびる。砲弾が飛んでくる。

苦闘は察するに余りあるが、詳細は、わからない。特別攻撃隊は一艇も帰還しなかったからだ。しかし、搭乗員は一人だけ生き残った。その軌跡をたどろう。

17　盲目潜航

艇長酒巻和男《さかまきかずお》少尉と艇付稲垣清《いながききよし》二曹がチームを組む甲標的の母潜伊号二四潜水艦は、塗装のペンキの臭いがまだ消えていない新造艦である。艦も乗組員も外洋にはまったくなじんでいなかった。

操作のミスか、艦の欠陥か、太平洋のどまん中で沈下が止まず、あわやの危険をおかした。深度百メートルの水圧が、後甲板に繋止《けいし》してある甲標的に障《さわ》らないはずはない。ジャイロコンパス（転輪羅針儀）が正確に作動《さどう》しなくなった。

整備未了のまま伊号二四潜水艦は、早くも真珠湾口十浬の発進地点に近づきつつある。ジャイロは諦めるしかない。出撃中止か決行か、整備担当の艇付下士官は哀れなほど悄気《しょげ》かえった。

「心配するな、なんとかなる」

整備下士官を慰めただけではない。艇長酒巻和男が自分自身に覚悟をせまった言葉である。日本海軍は誕生から消滅するまで七十七年の間に、対米開戦前夜のこのときほど志気が昂揚したことはない。酒巻少尉は日本海軍絶頂期の青年士官である。激動する時代の進運に際会していちはやく脱落することを断固として拒否した。

艦長花房博志《はなぶさひろし》中佐は一歩退《しりぞ》いて判断する立場だが、潜望鏡を上げると真珠湾口が視野いっぱいに迫ってくる。戦意はいやがうえにも躍動する。彼もまた日本海軍絶頂期の中堅指揮官だ。

しかし、ジャイロが故障したまま、二人の部下を黒い鉄塊に押し入れて敵地の海に放つ非情を思っては心が揺らいだ。酒巻少尉と稲垣兵曹の志を後ろからそっと押しやるように言った。

「そうか、やはり行くか。しっかり頼む」

艦内に凛《りん》とした声がひびいた。

「メインタンク、ブロー」

艦は浮上した。司令塔を出た二人は濡れた上甲板を艦尾へ走り、甲標的のなかに姿を消した。敵地である。母潜は直ちに潜没した。

甲標的と母潜をつなぐ一本の電話線はまだそのままだ。

「待ってるぞ、ラナイ島西方七浬」

「伊号二四潜の武運長久を祈ります」

酒巻艇が発進したのは、ハワイ時間の十二月七日午前三時四十二分。開戦時刻は午前四時三十分、すなわち日本時間の十二月八日午前零時である。余すところ一時間もない。予定よりかなり遅れていた。

酒巻艇はジャイロを使えない。すでにハンデを背負っている。二人の闘志にかげりはなかっただろうか。前向きに行動する者は障碍《しょうがい》をすべて試練とみる。

鉄の固縛バンドがガタンと解《と》けた。艇は勢いよく母潜の甲板を蹴った。ところが、大海に躍り出るなり釣合《ツリム》をくずして、艇は海面に跳び出した。訓練ではない。実戦だというのに、いきなり厄介なイルカ運動を起こした。

二人はモーターを停止して、狭い艇内通路をはいながら、鉛塊バラストを移動する作業に一時間もついやした。ようやく釣合《ツリム》が安定したときは、すでに開戦時刻を過ぎていたが、日出時までに湾内に進入できれば、攻撃に間にあう。

時間はある。慌てることはない。二人は携行した食料を手にとった。稲垣兵曹はブドー酒を口にふくんだが、酒巻は握り飯をぱくついた。

「艇長は食欲旺盛ですね」

「わが家は子だくさんでな、それがみな大飯喰《ぐら》いときてるから、おふくろが苦労したらしい。近所の金物屋で一周りでっかい飯《めし》炊き釜を買ったはいいが、帰りに背負わされてな。いやァ重いのなんのって、こっちは小学校の一年生だろう、しくしく泣いちゃった」

「お母さんに言われたでしょう、男の子は泣くんじゃありません。なんですか、いつもごはんをいっぱい食《た》べてるくせに」

「ズバリだ、ハッハッハ……」

水深十メートルの海中をただよう艇の中で、笑い声が異様に反響した。

酒巻はこのときのことを、「われわれは恋人のようなひと時を過ごした」と語っている。死の出撃と覚悟しながら、二人の男が完璧に意気投合したのだろう。決意を新たに酒巻艇は微速で湾口を目ざした。

潜りっぱなしは辛《つら》い。ジャイロがだめだから潜望鏡を上げたくなる。しかし、敵に発見されると重大な結果を招く。目測の針路を信じて微速潜航すること三十分、眼前に湾口がせまっていることを期待して潜望鏡を上げた。

「しまった！」

オアフ島の島影ははるか後方に遠のいていた。ジャイロさえあればは愚痴になる。これも試練と自ら鞭打った。早くも東の空が白んで、島影が闇から脱け出してきた。目測するにはありがたい。錯誤をかさねてようやく湾口とおぼしい方角をとらえた。小刻《きざ》みに位置を確保しようとすると、潜望鏡を上げる頻度が増す。

大小二つの艦影をとらえた。その位置こそ湾口にちがいない。酒巻は臆せず接近していった。突然に爆発音が耳をつんざき、体は壁に叩きつけられた。爆雷だ。

「急速潜航！」

深度計の針がせわしく動く。深度五十で、艇は海中に停止した。甲標的はハンギングができない。前傾したまま沈下しはじめた。沈下をとめるにはモーターを起動するしかないが、敵艦に居場所を教えてしまう。

艇内に悪性ガスがたちこめてきた。爆雷をくらった激震で電池の溶液が洩れたらしい。オアフ島をかこむ棚状の珊瑚礁の外は急に深くなる。艇の沈下がつづいた。

着底したのかズズンと衝撃を受けた。深度計は七十五を指していた。亀裂が生じたのか、前部発射管室に浸水する音がする。このままじっとしていたら、水圧で浸水は激しくなるばかりだ。

座して死を待つより浮上した方がいい。艇の頭部が海底に突き刺さっている。モーターを起動して、二人は後部電池室に移動した。百二十キロの人間バラストだ。頭部がガガッと海底をかいた。艇は潜望鏡深度まで浮上した。

開戦時刻はとっくに過ぎている。もうこそこそすることはない。酒巻は潜望鏡を上げて、陸岸を左から右へと掃《は》いた。そして思わず声を発した。

「やった！」

湾内のフォード島とおぼしい方角に火焔黒煙《こくえん》が天に沖して噴き上がっている。乱舞する機影はみな翼に日の丸を描いている。二人は狭い司令塔で体をかさねるようにして、交互に潜望鏡をのぞいた。機動部隊の奇襲攻撃は成功だ。二人はブドー酒で祝盃を上げた。

「行こう、おれたちも」

「行きましょう、真珠湾へ」

湾口監視線を突破したら、そこはもう真珠湾へ通ずる南水道だ。ふたたび方向を誤ることのないように、潜望鏡深度をたもちつつ前進半速で潜航した。

発見されたのか、哨戒駆逐艦が覆いかぶさるように迫ってきた。爆雷を叩き込まれたが、こちらの深度が浅かったおかげで被害は軽くてすんだ。

監視線を通過できてしめたと思ったとたんに、ズシンと衝撃をうけた。湾口のリーフに座礁したのだ。人力によるバラストの移動とスクリューを逆回転して後進をくりかえすことで、離礁に成功した。名にしおう難水路を盲目潜航で突破するのは至難の業《わざ》だ。

酒巻艇は何度も突入をこころみたが、爆雷と座礁の不運に泣いて、ことごとく失敗した。

艇はぼろぼろに傷つき、発射管は二つとも頭部がつぶれた。もう魚雷を発射することはできない。

悪性ガスにあえぐ二人は、精も魂も尽きはてた。稲垣は配置についたまま崩折れて動かない。酒巻は潜望鏡の把手にもたれかかり、かろうじて体を支えていた。

その日の夜明け前に、いざ征かんと大海に躍り出てからすでに十数時間が経過した。ハワイの海は夕日に赤い。死後の時間のはずだが、二人はまだ生きていた。

極限状況におちると、上官と部下という人為的な関係をこえて、赤裸な人間が滲《にじ》みでてくる。二十二歳の酒巻は、知識階層の三男坊として育ち、海軍軍人としてのエリートコースを歩んできた。二十五歳の稲垣は農家の長男に生まれ、下積みの苦労をかさねてきた下士官である。

酒巻は艇もろとも敵艦に体当たりすることに全神経を集中していた。稲垣は発想にゆとりがあった。あのとき山本長官は言った。戦機未《いま》だ熟せずとみたら躊躇することなく他日を期せ。これこそ真の勇気であると。そして「千代田」艦長原田《はらだ》大佐から、甲標的のつぎの攻撃目標はシンガポールだと聞かされていた。

稲垣は酒巻を見上げて言った。

「艇長、行きましょう、シンガポールへ」

酒巻は一瞬、耳を疑った。稲垣は真珠湾から撤退しろと言っている。体当たり攻撃を真っ向から否定している。完全に意気投合してきた二人の間柄が変化してきた。稲垣は酒巻を兄が弟に説き聞かせるように言った。

「艇長、この次はジャイロをしっかり整備しましょう。出直したら今の苦労がきっと役にたちますよ」

わからないでもない。しかし、夜の真珠湾を眺めると泣けてくる。仲間はみな志を遂げたにちがいない。ひとり虚しく引き返しても、嘲笑と叱責を買うだけだ。自爆してでも死にたい。

「艇付、俺は帰れん。もう一度やる」

「何度やっても同じことですよ」

「暗くなったから、きっとうまくいく」

「失敗したらどうします」

「頼む、もう一回がんばってくれ」

上官と部下という関係が復活した。しかし、運命はあくまで非情に転《まろ》んだ。艇はまたもやリーフに乗り上げた。鉛塊バラストを移動する気力は絶えた。後進をかけても、艇は居座《すわ》ったままその姿を大きく海上にさらしている。

哨戒艦に発見された。万事休したと思ったとき、信じられないことが起こった。砲弾が珊瑚礁を砕いたのか、艇は海中にすべり落ちた。

「艇付」

「艇長」

互いに呼んで無事を確かめると、酒巻はつぶやいた。

「シンガポール」

艇は時速六ノットの微速でラナイ島西方七浬の収容地点へと針路をとった。

＊

十八夜の月が放つ銀色の光をあびて、洋上に孤影一つ。水上航走する艇の中には、酒巻と稲垣が死んだように深い眠りに落ちていた。

司令塔のハッチが開かれている。発生する悪性ガスに耐えられなかったのだろう。モーターが息をつく。ノッキングの震動に酒巻は目を覚ました。司令塔に上がって胸いっぱいに外気を吸った。呼ばれて稲垣も上がってきた。

「外の空気が痛いほどうまいです」

体も心もリフレッシュすると、プラス思考がはたら

オアフ島東海岸のベローズビーチに擱座した酒巻少尉の搭乗艇

く。左の島影をラナイ島と判断した。収容地点は近い。上陸して機会を待とう。酒巻は艇を陸岸へ向けた。まもなく電池がきれる。全速をかけると推進器がブルルンと空転する。余喘《よぜん》をたもって艇は前進しては止まり、止まっては前進した。

ハワイの島々は、外敵の侵入を防ぐかのように珊瑚礁でガードされている。二人はまたも底から突き上げてくるあの忌《い》まわしい擦過音を聞いた。艇はリーフに乗り上げた。

まもなく夜が明ける。遠くの爆音は哨戒機か。ぐずぐずしていると最悪の結果をまねく。導火線に点火して二人は艇をすてた。陸岸までおよそ二百メートル、上陸したら母潜と連絡する方法もあるだろう。

しかし、その期待は成立しない。二人が目ざす陸岸はラナイ島ではない。ダイヤモンドヘッドを北へ回りこんだオアフ島の一部であり、真珠湾から一山越えただけのカネオヘ湾だからだ。

泳ぐ二人は背後に爆発音を聞かなかった。導火線の火が消えたらしい。艇はリーフに居座ったまま、その姿が海上にあらわだ。酒巻にはもう泳ぎもどる力はない。その場に振り返って挙手した。これまでわが命をたもってくれた艇に愛惜《あいせき》の情ひとしお兆《きざ》すが、日本海軍の機密兵器が敵手に落ちることへの自責の念もまたしきりと湧く。

リーフに砕ける潮の騒ぎをついて、艇付の声が飛んできた。

「艇長ー」

酒巻は声を限りに呼び返した。声量が乏しい。それっきり二人は互いの声を聞くことはなかった。体力はもう限界を超えている。酒巻は泳ぐことが億劫《おっくう》になってきた。死が甘美なまでに誘《いざな》い寄ってくる。

陽が昇るころになって、酒巻は磯浜に打ち上げられていた。泳いでいる間に衣服をぬぎすてたのだろう。褌一丁の全裸だ。かすかに意識がもどったとき、おぼろに見たのは男の大きな靴だった。その靴が宙に浮いて一歩近くの眼の前にドスンと落ちた。

18　捕虜第一号

在スイスの国際赤十字本部は、いちはやく全世界へ向けて発信した。

「日本海軍ノ士官一名ガアメリカ軍ニ投降シタ。捕虜ノ名ハ酒巻和男少尉デアル」——開戦するや、いきなりよもやの不祥事が起きようとは。通報に接した日本海軍の衝撃は想像に絶する。措置に窮した海軍当局はとりあえず厳重な箝口令《かんこうれい》を布《し》いた。

しかし、戦争に捕虜は不可避である。戦史から消されてはいるが、忠勇無双と謳われてきたわが陸海軍将兵にも、過ぎし日の戦いに虜囚《りょしゅう》の辱《はずか》しめをうけた者の数は少なくない。

それがなぜ、このときにかぎって日本海軍は異常なまでのインパクトを受けたのだろう。たまたまの不祥事だとしたら、捕虜となった当人を抹消すれば事は解決する。そうはいかない事情があった。

米英を敵とするからには尋常一様の覚悟では戦えない。開戦は劇的で感動的でなくてはならない。特別攻撃隊の十人の若者たちは、そのために選ばれた。一億国民よわれらに続けとばかり、真珠湾に死ぬことこそ彼らの使命であった。

十人のうち一人が使命にそむいたとしても、残る九人の死が劇的で感動的であることになんら翳《かげ》りはない。しかし、艇は五隻で、搭乗員が九人では説明がつかない。

俗に霞ケ関の「赤煉瓦」というと、海軍省か軍令部を意味した。古典的な赤煉瓦のその建物の中に、両者は階を別にするだけで共に居をかまえていた。

どこかの部屋で、次のような会話が交わされたことは極めて自然である。箝口令が布かれているさなかのことだから、高官たちも声をひそめただろう。

「酒巻も血気旺んな青年士官だ。必ず自決するだろう」

「自決しさえすれば戦死したも同じだ」

「それまで待つか」

「しかし、発表するには潮時がある」

＊

この国が近代化の道を歩みはじめてわずかに七十年、欧米先進諸国への劣等感がまだ色濃く残っていたとき、またたくまにハワイのアメリカ太平洋艦隊を撃滅し、マレー沖にイギリス東洋艦隊をほうむった。

帝国海軍強し、日本人は舞い上がった。日本人とは当の帝国海軍軍人をふくむ。上は軍令部総長や海軍大臣から、下は一水兵にいたるまで。大本営発表はのちに虚報の代名詞と堕したが、開戦後十日が経過した十二月十九日の発表には、作為や誇張などは全くない。新聞各社の輪転機は誇らかに回転した。

米太平洋艦隊は全滅せり
我無敵海軍の大戦果
ハワイ海戦の詳報
戦艦五隻撃沈　四隻撃破
敵機四百六十四機以上爆撃墜

勝った勝っただけでは、眉に唾《つば》するものと疑われる。味方の損害もあわせて発表しなければ、信憑性《しんぴょうせい》はうまれない。

わが方の損害　飛行機二十九機

未だ帰還せざる特殊潜航艇五隻

特殊潜航艇とは初めて聞く。救国の新兵器として極秘裡に開発され、その名は対潜爆撃標的、TB模型、H金物、甲標的、特殊格納筒、筒とめまぐるしく変わった。一連の即物的な呼称がようやく人間くさい名を得た。それが特殊潜航艇だ。

大本営発表は補足した。

「同海戦に於《おい》て特殊潜航艇を以《もっ》て編成せる我が特別攻撃隊は警戒厳重を極むる真珠湾に決死突入し、味方航空隊と同時に敵主力を強襲或《あるい》は単独夜襲を決行し、少なくとも戦艦アリゾナ型一隻を撃沈したる外《ほか》大なる戦果を挙げ敵艦隊を震駭《しんがい》せり」

なにやら凄い活躍をしたらしい。しかし、五隻が帰ってこないという。乗員は戦死したのだろう。早く英雄たちの名を知りたい。国民はみなそう思った。

後日の発表にそなえる下地はこれで十分だ。しかし、五と九の矛盾がそのままになっている。赤煉瓦のなかの演出家たちは焦った。なんとかして九を十に戻せないだろうか。平たくいえば、酒巻よ早く自決しろということだ。焦りが昂ずるとぼやきになる。

「抵抗したら射殺されただろうに、おとなしく手を上げるとは帝国海軍の面汚《つらよご》しだ」

＊

抵抗しなかったのは事実だ。ホノルルの街から一山越えた裏オアフのベローズビーチで、酒巻は二人の米兵に両腕をつかまれて曳きずり起こされた。

そのとき酒巻は全裸だった。泳ぎをさまたげる衣服は、すべて海中に脱ぎすてたからだ。背中に冷たい銃口を押しつけられると、咄嗟《とつさ》にひらめいた。

「おれは日本の海軍士官だ」

ジャイロの故障と哨戒艦の攻撃をうけ、擱座放棄された酒巻艇

その自覚は抵抗することを意味しなかった。銃殺されることを恐れたのではない。身に一糸もまとわず、徒手《としゆ》空拳《くうけん》をふるって何になる。こんなみじめな姿のまま屍を敵地にさらすことは、士官としてのプライドが許さなかった。
一時の汚名をきても、米軍士官に堂々と自決する機会をあたえてくれと申し出よう。そして、敵将の前で日本海軍の士官ここにありと、あっぱれな死を見せつけてやる。
しかし、戦争にそんな甘いことは許されない。酒巻はいやというほど思い知らされた。捕虜第一号は米軍にとって貴重な戦利品であることを。
あのときなぜ駆逐艦に体当たりしなかったのか、捕らえられたときなぜ抵抗しなかったのか、後悔ばかりが先に立つ。考えられるかぎりの手段を尽くして自決をはかること数十回、しかし、ことごとく阻止された。独房の中で自問自答した。

「これだけやったんだから、もういいだろう」

「捕虜の汚名を甘んじて受けるのか」

「いかん、自決しろ、なにがなんでも死んじまえ」

壁に顔面を叩きつけた。

＊

霞ヶ関の赤煉瓦のなかに、新たな焦燥感が走った。陸軍の戦果発表が日ごとに華やかになるばかりか、個人の論功行賞に二階級特進を実施したからである。

開戦直前に公布された二階級特進制度には、「海軍将兵ニシテ特ニ抜群ノ功アリタル者」と明記してある。「陸軍将兵」の文字はどこにもない。にもかかわらず、してやられるとはなんたる不粋、面目まるつぶれだ。

海軍もすぐに真珠湾攻撃の破格の戦功をふりかざして、二階級特進を実施すればいいではないか。しかし、飛行機搭乗員を先にすると、特潜搭乗員の勲功がかすむ。それは絶対に避けなくてはいけない。特潜搭乗員こそが二階級特進のそもそものターゲットであり、彼らは戦う日本人の偶像に予定されている。

ぐずぐずしていると、発表の潮時を逃がしてしまう。「未だ帰還せざる特殊潜航艇五隻」と予告したのは、時を待たずに酒巻は自決するとみたからだった。このまま漠然と待つわけにはいかない。なんらかの手当をしておく必要がある。

大本営海軍報道部の前田稔少将は、全国向け放送のマイクの前に立った。

「帝国海軍はアメリカ海軍主力艦の大半を一日で片づけてしまった」

まず大向こうをうならせておいて、やおら言葉を継いだ。

「わが海軍の戦況報道に当たり、特に正確を期するため、あるいは作戦上の要求のため、発表時期が若干遅れることもあると思うが、決して心配することなく安心して正確なわが報告を信頼して頂きたい」

大本営海軍報道部長・前田稔少将

後日にそなえて予防線を張ったのだが。

＊

海の彼方のハワイでは、パールハーバーに臨《のぞ》むフォートシャッターの営倉に収容されていた酒巻が、独房の鉄格子を揺すってわめいた。

「殺せ！」

そのとき、獄舎の外がにわかに騒がしくなった。なにやら殺気だっている。酒巻はかかわりのない他人事と聞き流していたが、思いがけなくサカマキの一語を聞いた。パパーンと銃声数発。ただごとではない。やがて騒ぎがおさまると監視役のMPがやってきた。

「奴らがおまえを渡せって言うんだ。俺だっておまえをぶっ殺したいよ。だけど任務とあっちゃしょうがない。俺は命を張ってでもおまえを護る」

酒巻は不思議なほど冷静になった。捕虜になって以来、初めてのことだ。命を張ってでもおまえを護るの一語は、すごく新鮮だった。おかげで沈思する機会を得た。

「いまの俺にはデューティがない。ほんとにないのだろうか。捕虜にそんなものがあるわけがない」

否定しても否定しても、同じ問いが執拗に鎌首《かまくび》をもたげてくる。

常夏のハワイにも暦《こよみ》のうえで日本の早春をしのばせるころ、酒巻はようやく新たな境地にたどりついた。

「ぶざまにあがくのは恥の上塗りだ。虜囚の身ではあっても、敵国人にさすがは日本人と言わせることが俺に残されたただ一つのデューティだ」

それから間もなく酒巻はさらに東へ、アメリカ本土へと移送されて行った。

(酒巻和男氏の著作「捕虜第一号」を参照しました)

第三部

19　九軍神

待ちに待ったが、酒巻が自決する望みはなくなった。そうと決まったら対策を急がなくてはならない。十より九の方がかえって響きがいいではないかと、そんな負け惜しみめいた雰囲気の中ですべての遺影や遺墨から酒巻少尉は抹消された。一つだけ例外があったと思う。旗艦「長門」の長官私室に掲げられていた酒巻少尉をふくむ十人の写真である。

出撃直前に山本は彼らをまねき、血気の勇を戒めつつ各個にマンツーマンの挙手を交わしている。十人は全員が帰って来なかった。痛惜の想いの中から酒巻だけを除くわけにはいかなかったはずだ。

開戦から三ヵ月も過ぎて、大本営はようやく特別攻撃隊の詳細を発表した。その日、昭和十七年三月六日は、ハワイに抑留されていた酒巻が背にＰ・Ｗの文字をしるされて、東へさらに遠くアメリカ本土へ移送された直後である。

「五に九はおかしいなどと言わせるな。聞く者を酔わせるほど派手やかに謳い上げろ」

大本営発表にはそんな意気込みを感じるほどだ。

「……此ノ全世界ノ心胆ヲ寒カラシメタル攻撃ノ企図ハ、攻撃ヲ実行セル岩佐大尉以下数名ノ将校ノ着想ニ基クモノニシテ、数ヶ月前、一旦緩急《かんきゅう》アラバ之《これ》ヲ以テ尽忠報国ノ本分ヲ尽クシ度《た》シト案ヲ具シ秘カニ各上官ヲ経テ連合艦隊司令長官ニ出願セルモノナリ。連合艦隊司令長官ハ慎重検討ノ結果成功ノ確算アリ、収容ノ方策亦《また》講ジ得ルト認メ志願者ノ熱意ヲ容レルコトトセリ。(中略)本壮挙ニ参加セル下士官亦《また》帝国海軍優秀者中ノ最優秀ナル人物ナリ。(中略)

カクテ御稜威《みいつ》ノ下天佑《てんゆう》神助ヲ確信セル特別攻撃隊ハ枚《ばい》ヲ啣《ふく》ンデ壮途ニ就キ真珠湾ヲ目指シテ突進、沈着機敏ナル操縦ニヨリ厳重ナル警戒網並ニ複雑ナル水路ヲ突破、全艇予定ノ部署ニヨリ港内ニ侵入、或《あるい》ハ日昼強襲或《あるい》ハ夜襲攻撃ヲ決行、史上空前ノ壮挙ヲ敢行、任務ヲ完遂セル後、艇ト運命ヲ共ニセリ」

お国のために死んでくれたのか、国民はひとしく泣くだろう。しかし、赤煉瓦の内なる意図はそればかりではない。あくまで戦意昂揚だ。匹夫懦夫《ひっぷだふ》を奮いたたせるには戦場の活写が必要だ。

「夜襲ニヨル『アリゾナ』型戦艦ノ轟沈ハ遠ク港外ニアリシ友軍部隊ヨリモ明瞭ニ認メラレ、

十二月八日午後四時三十一分（ハワイ時間七日午後九時一分）、即チ、ハワイニ於ケル月出二分後、真珠湾ニ大爆発起リテ火焔天ニ沖シ灼熱セル鉄片ノ空中ニ高ク飛散、須臾《しゅゆ》ニシテ火焔消滅、之ト同時ニ敵ハ航空部隊ノ攻撃ト誤認セルモノカ熾烈ナル対空射撃ヲ開始セルヲ確認セリ。

マタ同日午後六時四十一分（ハワイ時間午後十時四十一分）特別攻撃隊ノ一艇ヨリ襲撃成功ヲ無線放送、午後七時十四分（ハワイ時間午後十一時十四分）以後、放送杜絶、同時刻頃自爆モシクハ撃沈セラレタルモノト認ム。

白昼強襲ニ関シテハ、場内混乱ノ際ナルタメ戦果ノ絶大ナリシコトハ確信シアルモ今ノトコロ航空部隊ニヨル戦果ト判別困難ナリ。（後略）」

大本営発表には特別攻撃隊への偏愛を感じてならない。航空部隊との戦果の割り振りをどうするかだ。一方を多くすると一方が少なくなる。発表によると日本海軍が真珠湾で撃沈破した戦艦九隻のうち三隻か四隻は特別攻撃隊のお手柄のように聞こえる。そうなると航空部隊の方がおだやかではあるまい。

海軍省はただちに九人の戦死者にたいし、開戦の日にさかのぼって二階級の特別進級を発令した。岩佐直治大尉は中佐に、横山正治中尉と古野繁実中尉は少佐に、広尾彰少尉は大尉に、佐々木直吉一等兵曹と横山薫範一等兵曹は特務少尉に、上田定、片山義雄、稲垣清の三人の二等兵曹は兵曹長に任ぜられた。日本海軍が創設されて以来、かつてなかった特別措置である。

しかし海軍がもたついているから、陸軍に先を越された。二階級特進も二番煎じではパンチがきかない。補強が必要だ。

発表があった翌三月七日の新聞各紙はこぞって全紙面を特別攻撃隊の記事でうめ、一面トップの見出しには極大活字で「軍神」の二文字をおどらせた。

「大東亜の新軍神九勇士、ハワイ海戦の華《はな》特別攻撃隊」

あるいはまた、

「軍神、真珠湾強襲、特別攻撃隊の九将士」等々と。

軍神とは一体だれの造語《ぞうご》か。海軍当局の公式発表には軍神の文字も言葉も全くない。しかし、マスメディアは挙《あ》げて軍神と謳《うた》った。もちろん事前に当局の指導内示があってのことだろう。

自ら口にせず他に言わせるとはなんとも心にくい。軍神は官製ではない。自然発生的に起こった国民大衆の声である。各紙の主筆は名文をきそった。

「……いまその発表を見、雄々しい勇士の面影を高く掲げて、粛然、合掌礼拝の念禁ずる能《あた》はざるものがある。その志や壮、その戦いや剛、神州男子の意気、正に全世界の人心を雷撃した。（略）軍神の精神は大和民族固有の魂である。肇国《ちょうこく》以来、国史を純一無垢のものとして今日に保つもの、実にこの大精神であり、この大精神のあらん限り大東亜戦争完勝は絶対

の信念を以《もっ》て期すべきである」（東京日日）

「……若木の桜は潔く真珠湾頭に散った。軍神を生んだ日本の誇り、郷土の誇り、われらの誇り（略）ああ壮烈！　特別攻撃隊、かくてこそ帝国海軍の護りは固いのだ。帝国海軍万歳！」（読売）

「ああ軍神、特別攻撃隊九勇士……いまその壮烈殉忠の武勲を審《つまびら》かに知って、ひしと迫り来る感激、勇奮の情に言葉なく、文字を知らない、ただ感涙のみである……『七生報国』の帝国海軍の護国の魂魄《こんぱく》が深く脈々と伝え継がれてここに特別攻撃隊の偉勲が真珠湾強襲となり全世界の心膽《しんたん》を寒からしめたのであろう」（朝日）

海軍報道部長・平出英夫大佐

*

寡黙を徳とするサイレントネイビーにも口舌《こうぜつ》の徒はいた。海軍報道部の平出英夫大佐である。立板に水の名調子には部内でも眉をひそめたほどだが、彼には強力な後ろ楯があった。

軍令部の作戦課長冨岡《とみおか》定俊大佐は彼のクラスメイトであり、積極的な支援を送っていた。加えて報道部長前田《まえだ》稔少将の賛同も得ていた。だからほんとは吊るべき立場でないのに麗々しく参謀肩章をつり、鼻下にチョビ髭を生やして、これぞ帝国海軍の顔とばかり広く国民の前にしゃしゃり出た。

九軍神が誕生すると、平出講談はいよいよ佳境に入った。

「いまや軍神と仰がれまする九人の勇士たちは誰一人として生還しようとは思ってもいなかったのであります。このような殉忠無比の攻撃精神は、じつに帝国海軍の伝統を遺憾なく発揮したものであり、今次大戦の劈頭《へきとう》を飾る一大偉勲であります」

調子に乗って自分勝手な想像もくわえた。

「開戦前夜、秘《ひそ》かに真珠湾に潜入した勇士たちは、海底に潜《ひそ》んで攻撃開始の時を待つ間に、はめ絵の玩具に興じながら時を過ごしたのであります。死を前にして焦らず慌《あわ》てずこれほどの余裕があったからこそ大戦果を挙げることができたのです」

そして次のように結んだ。

「鬼神も泣くこの絶対犠牲の大精神こそ、わが武士道の花であり、わが民族精神の精華であります。かかる例が世界の歴史にただの一つでもありましょうか。私どもはその偉勲をしのぶだに粛然として総身の血がふるえるのを覚えるのであります」

国民はみな感動した。名だたる学者文人とて例外ではない。及ぼすことの大きい国民作家吉川英治《よしかわえいじ》は綴っている。

「……その清さ、気高さ、麗《うるわ》しさ、勇ましさ、床《ゆか》しさ、言語に絶する。人にして神、神にして人……」

大本営発表から一ヵ月がたち、特別攻撃隊神話が成熟するのを待って、四月八日に合同海軍葬が挙行された。

それは九人の勇者を神格化する儀式でもあった。日比谷公園にとどろく弔銃《ちょうじゅう》は、死者の魂をまねき、送葬の曲は壮重にして悲愴、つどう数千の参列者はこれぞ神国日本の厳《いつか》しの現《うつつ》とばかり陶然と戦争を忘れた。

国民はもうじっとしておれなかった。感極《きわ》まるとき人は行動する。人びとは競って九人の勇士たちの生家を訪れた。軍神の家詣《もう》でに列をなし、神社を建立しようという話まで持ち上がった。

軍神ブームの拠点は、全国に九つあった。

日比谷公園広場で、合同海軍葬が挙行された

群馬県前橋市天河原は岩佐直治中佐の出身地である。

三重県川合村庄村は稲垣清兵曹長の、

岡山県五城村矢知は片山義雄兵曹長の、

広島県川迫村蔵迫は上田定兵曹長の、

鳥取県東伯町法万は横山薫範特務少尉の、
島根県国府村久代は佐々木直吉特務少尉の、
福岡県遠賀村虫生津は古野繁実少佐の、
佐賀県旭村江島は広尾彰大尉の、
鹿児島県鹿児島市下荒田は横山正治少佐の出身地である。
四国だけが空白になっている。吉野川ぞいにも軍神の家があると、西日本全域をカバーできるのだが、酒巻少尉が捕虜になったので彼はそのすべてを抹消された。
五隻で九人はおかしいという当初の疑問も軍神ブームに埋没して消えた。九は聖なる絶対の数となり、九軍神に続け、これが青少年教育の一大スローガンとなった。
小学生も中学校や女学校の生徒も、先生に引率されて軍神の家に詣でた。その庭先に整列して号令一下、一斉に脱帽して礼拝した。遺族たちはそれなりの対応を迫られた。茶の間に寝そべっているわけにはいかない。縁側で一服していては失礼だ。雲の上の人と思っていたお偉いお歴歴《れきれき》がひっきりなしにやってくる。いつも身ぎれいにして、よそ行き言葉に舌を噛む毎日だった。
新聞記者が、次から次に取材にやってきて、あらかじめ用意された言葉で問いかけた。遺族が黙ってうなずくと、それがそっくり記事になって報道される。今風でいう「やらせ」もいいところだ。

軍神を生んで育てた九人の母は、わが子の死に涙をみせない軍国日本の強い母親に創り上げられた。泣きたいのに泣かしてくれないとは酷《むご》い。しかし、片山兵曹長や横山特務少尉の母には、人目をしのんで泣ける場所があった。野良仕事の合間をみて、わが子に乳房をふくませた畠の畦道である。

＊

軍神の家は他の模範であれ。これは問答無用の論理である。だから率先して他よりも多く米を供出してもらいたい、という声に、上田定兵曹長の遺族は異を唱えることもできなかった。

妹たちは暮夜秘《ひそ》かに声をひそめて語らった。

「兄ちゃんは熱を出してまで道普請《ぶしん》を手伝ったのよ」

「両親をよろしく頼むって」

「もうよそう、悲しくなるばっかりだから」

＊

軍神横山《よこやま》少佐をモデルにした岩田豊雄の小説「海軍」が空前のベストセラーになったために、他県からもぞくぞくと人びとが詰めかけた。おかげで鹿児島市下荒田町の精米所はモーターがとまり、粉ぼこりにまみれて面目躍如とはたらく肝っ玉母さんの姿は見られなくなった。毎日が法事のようなものだ。畳じわのある一丁羅を着込んで両膝を揃えていなければならなかった。

しかし遺族たちが万点人間の桎梏《しっこく》から解放されるのに、それほど長い時間はかからなかった。

一年後の昭和十八年四月十八日をさかいにして、「九軍神に続け」のスローガンは「山本元帥に続け」に変わった。スローガンの変更は帝国海軍敗亡の弔鐘《ちょうしょう》でもあった。

九軍神とは何だったのか。改めて問うのはそのためではない。一つの痛哭の悲劇を聞き知ったからである。

敗戦を二ヵ月後にひかえた昭和二十年の六月十七日、日本の近代国家発祥の地鹿児島は、米軍の大空襲によりあえなく焦土と化した。

燃えくすぶる防空壕の中に、一家四人の焼死体があった。四人はみな女、一人は年老い、他の三人はまだ若かった。軍神横山《よこやま》少佐の母と三人の姉たちである。

男八人、女五人を生んで育てながら、肝っ玉母さんのもとには三人の娘しかいなかった。そして最後は、母娘とも戦火に焼かれて死んだ。

横山一家は全滅したという噂がたった。軍神ブームの悲劇的な末路に、人びとは戦意を喪失しただろう。アメリカはそこを狙ったとみるのは無理なこじつけではない。敵国の国民が信奉する偶像を破壊することは、きわめて有効な手段だからだ。彼らは調略《ちょうりゃく》に長ける。山本五十六の死も謀殺だった。

20　火焔天に沖す

第３潜水部隊の一艦としてハワイ作戦に参加した伊号69潜水艦

大本営発表に、聞き耳をたてている者がいた。日本人ではない。アメリカ海軍の情報部員である。戦艦アリゾナ轟沈のくだりは彼らの失笑を買った。その日の午後九時一分に港内で一大火柱が夜空を焦がしたという大本営発表に偽りはないのだが。

火柱の正体については、あちらが詳しい。

その日、港外を航走中の空母エンタープライズを発艦した六機が、日本海軍機動部隊の行方を追ったが発見するにいたらず、陸上基地へ帰還することになった。

燃えくすぶるパールハーバーは極度の緊張につつまれていた。夜空にとどろく爆音を聞くと、反射的に敵機の来襲と錯覚した。地上砲火は月明にうかぶ六機の機影に猛射をあびせた。味方機と知って射撃を中止したがすでに遅く、四機が撃墜されて炎上した。夜の火柱は大きく見える。

あちらは緊急事件が起きると平文で交信する。こちらの敵信班も聞き耳をたてているから、誤射事件を思わせる若干の情報はつかんでいた。

しかし、大本営発表は主張した。

「アリゾナ型戦艦ノ轟沈ハ遠ク港外ニ在リシ友軍部隊ヨリモ明瞭ニ認メラレ」

友軍部隊とは伊号六九潜水艦である。同艦は真珠湾に出入する米軍艦船を攻撃する任務をおびて、開戦日の早朝、所定の位置につこうとしたが、防潜網がからまり浮上できなくなった。水深三百メートルの外洋で防潜網とは解《げ》せないが、なにやら海中をただよう網状の障害物だったのだろう。必死の浮上作業もむなしく、艦長は、もはやこれまでと、思い残すことのないよう最後の晩餐を豪奢に用意しろと命じた。その間に洋上では陽が沈み、月が上りはじめていた。そのときになって艦は奇蹟的に危地を脱した。ほんとに戦争が始まったかどうかもわからない。情報ゼロのまま潜望鏡を上げたとき、艦長は思わず声を発した。

「やった!」

真珠湾とおぼしい方角に立ちのぼる巨大な火柱を見た。あわやの海難事故から蘇生した直後のことでもあり、同艦の報告は一段と誇張された。午後九時一分、すでにわが航空部隊は去っている。攻撃したのは特殊潜航艇のほかには考えられない。事実、特別攻撃隊の一艇は奇襲成功の略号トラ・トラ・トラを打電している。受信したのは伊号一六潜水艦、打電したのは同艦から発進した横山艇である。しかし、発信時刻が火柱よりも一時間ほど遅いのはどういうわけだろう。

その後、横山艇は午後十一時四十四分に、臨死まぎわのかぼそい人の声のように、微弱な電波で、ワレ航行不能の略語を打電して以後消息《しょうそく》を絶ったと聞くと、胸せまる臨場感をおぼえる。

しかし、横山艇が伊号一六潜水艦を離脱したのは午前〇時四十二分、消息を絶ったのが午後十一時五十三分、その間二十三時間四十一分が経過している。空気清浄器をそなえていたにせよ、体を横にすることもできない狭苦しい艇内に、人間二人がそれほど長時間も生きつづけられるだろうか。ただ静かに時を過ごすのではなく、戦場を駈けまわりながらである。

＊

飛行機隊総隊長・淵田美津雄中佐

特殊潜航艇による戦艦アリゾナ撃沈を明確に否定したのはあちら側だけではない。こちら側にもいた。

わが第一次空襲部隊の総隊長淵田《ふちだ》美津雄《みつお》中佐は、終始、沈着冷静だった。全機帰途ニツケと令した後も、ひとり真珠湾上空にとどまって戦果を確認している。そして戦艦アリゾナはわが水平爆撃隊の投弾によって撃沈したと報告している。

例の火柱より数時間も早く、軍令部、すなわち大本営海軍部は淵田中佐の報告をきいているはずだが。

大本営発表はあまりにも事実と違う。作意を感じてならない。関係した当時の赤煉瓦の中の高官たちは殆《ほとん》どの方がすでに天寿を全うされただろう。もしご存命なら筆者と次のようなやりとりが交わされるにちがいない。

「特別攻撃隊の大本営発表についてお尋ねします」

「発表はすべて前線からの報告にもとづいている」

「報告を検討なさらないのですか」

「検討とはどういうことか」

「特潜の性能とか敵の警戒状況とか、いろんな要素を加味して洗いなおすことです」

「君は前線からの報告にケチをつけろと言うのか」

「裏付けのないまま公表するのは如何《いかが》なものかと」

「わかっとらんな君は。前線部隊の将兵は命がけで戦ってるんだ。伊号六九潜はパールハーバーの火柱が見えるほど敵地に接近したし、伊号一六潜は真珠湾の奥深く侵入した艇からのトラ電を受信している。いわば血まみれの報告だ。それにとやかく疑義をはさむなど以《もっ》てのほかである」

居丈高になる相手を沈黙させる自信はある。前線将兵への温情あふれる状況判断がどういう結果をまねくか、開戦後三年目の秋に起きた台湾沖航空戦を思い出してもらいたい。そのときの大本営発表を聞こう。

わが部隊は十月十二日以降、連夜、台湾およびルソン東方海面の敵機動部隊を猛攻し、その過半の兵力を壊滅して、これを潰走せしめたり。
一、わが方の収めたる戦果総合次の如し。
撃沈　空母十一、戦艦二、巡洋艦または駆逐艦一
撃破　空母八、戦艦二、巡洋艦または駆逐艦一、艦種不詳十三
その他火焔、火柱を認めたるもの十二を下らず。
二、我方の損害
飛行機未帰還三百十二
本戦闘を台湾沖航空戦と呼称す。

なんと豪奢な発表だろう。
かつて宇佐海軍航空隊の玄関口だった国鉄柳ヶ浦駅前の広場で、一人の兵曹長が筆者に抱きついてきた。
「やった、やった、やりましたな！」

応援にぎこちない筆者に、兵曹長は予備士官は愛国心が足りんとばかり侮りの視線を投げて去った。退勢の一途をたどっていた帝国海軍が、突如としてこれほどの大成果を挙げるなど、神風でも吹かないかぎりあり得ない。ところが、国をあげて軍官民ともども大本営発表を信じて狂喜した。連合艦隊司令部は下命した。

「第五艦隊ハ直チニ出動、残敵ヲ掃蕩《そうとう》セヨ」

ところが、敵機動部隊の損害はわずかに二隻の巡洋艦が大破しただけで、空母はただの一隻もかすり傷さえ負っていない。撃沈空母十一、撃破空母八と発表したのに、じつは撃沈破ゼロだったとは嗚呼《ああ》。

いまは亡き帝国海軍の名を惜しむ一人として、あの大戦果ならぬ大虚報を恥ずかしく思う。意図した誇大戦果ならまだ許せる。軍令部はじめ海軍首脳があの大虚報を本気で信じたことが問題だ。すべて戦場からの報告にもとづくというが、夜の戦場を飛ぶのは初めてという若年搭乗員も少なからずいた。撃墜された味方機が夜の海に燃える炎を敵艦撃沈と報じたり、一つの火柱を二機が重複して報告したりもした。

しかし、未帰還三百十二機という数字が示すように、彼らは修羅《しゅら》の戦場に命をさらしている。中にはみずから火焔を曳きながら敵艦撃沈と打電してきた者もいる。彼らの報告を不確実の理由で無視することは情において忍びない。

そんなこんなで集計した結果を発表したら、あの数字になったとは、元軍令部の戦後の弁明である。これでは厳しい批判もまぬがれまい。

およそ組織の中枢には、非情の合理こそが望ましい。

21　真珠湾の雷跡

戦史をひもとくときは一片の感傷も加えてはならないと自ら戒めつつも、ハワイの海は九人の若者たちの墳墓の地という情緒に駆られてならない。

かつて海軍兵学校六十七期の士官候補生二百余名が遠洋航海の途次、ハワイのホノルルに寄港した。その中に横山正治候補生がいた。少年時のリンゴという綽名《あだな》はいまはもう似つかわしくないが、ソフトなイメージはそのまま残っていた。パールハーバーを望む丘の上に立ったとき、彼はつぶやいた。

「ふたたび真珠湾に来るとき、俺はここで死ぬんだ」

その言葉にそむくことなく、彼は三年後に特別攻撃隊に参加してハワイの海に戦死した。そのことがいやでも私に感傷をさそう。

若い九人の魂が静かに安らかに憩《いこ》うハワイの海に、いまさら何を好んで波騒がせるのだ。そっとしておけ。百年、二百年の後に彼らの物語が大人のメルヘンに醸成《じようせい》されていくのも確かな鎮魂の在りようだ。

いやちがう。戦争の核心にノータッチのまま戦史のその部分を閉じるとは、怠惰《たいだ》もはなはだしい。ここまで稿を進めたのだから、拒否反応をしめす者は数少ないだろう。あえて断言する。彼らは九軍神に祭り上げられた。だから帝国海軍のお偉方は、口をそろえて特別攻撃隊をほめたたえる。ある者は言った。

「彼らは不可能を可能にした。それは人間を超えた神の技である」

讃辞に眩惑《げんわく》されてはいけない。不可能と知りながら、誰が、なぜ、彼らを真珠湾に突っ込ませたのか。追及に猛りはやるよりも、不可能に挑んだ若者たちの苦闘を知るのが先だろう。

＊

デモクラシーの国は仕掛けられるのを待つ。そのことは必ずしも戦争を好まないという意味ではない。一九四一年のアメリカは、日本が仕掛けてくるのを待ちに待った。だから極度に緊張して、ハワイ周辺の海に警戒の目を光らせていた。

もうすぐクリスマスかと市民の関心はそっちへ向いていたころ、ハワイ周辺では、しきりと国籍不明の潜水艦が出没していた。しかし、すべて虚報だった。砕ける波頭から漂流物の類を見誤ったものである。

十二月七日の午前三時五十分ころ（ハワイ時間）、真珠湾口の哨戒任務についていた駆逐艦ウォードは、掃海艇コンドルから、またかと思わせるような通報を受けた。

「まったく人騒がせな鯨だ」

艦長は寝呆け眼《まなこ》をこすりながら日出前の暗い海を捜索すること一時間――。

「何だッ、あれは」

棒状の奇妙な物体が航行禁止区域をただよって、いや時速五ノットで湾内に侵入しようとしていた。艦長はアメリカの運命を一人で背負っているような重圧に耐えて決断した。

「撃て！」

ウォードは九十メートルの至近距離から砲撃した。日米開戦の事実上の初弾は、わが特殊潜航艇の一隻を確実に撃沈した。わが航空部隊の指揮官淵田《ふちだ》中佐が真珠湾上空から、トラ・トラ・トラと打電する一時間以上も前である。

もし米軍がただちに行動を起こしていたら、わが方の奇襲攻撃は完全に失敗しただろう。敵の情報伝達がもたついたおかげで事なきを得たが、これを不問に付すわけにはいかない。作戦は単一であれ、空からも海からもでは奇襲の妨げになる。それを百も承知しながら、わが作戦中枢部は、なぜ特別攻撃隊に強行突入を命じたのか、よくよくの理由があったとしか考えられない。

特殊潜航艇はジャイロコンパスを活用すれば、潜航したまま湾口に取り付けるだろう。しかしそれから先は、潜望鏡を露頂しなければ港内侵入は果たせない。訓練中からわかっていたことである。搭乗員はもちろん、用兵サイドも知らないわけがない。

ジャイロコンパスが故障していた一艇は悪戦苦闘した。爆雷をくらい砲弾をあびても突入を諦めなかった。しかしリーフに乗り上げて動けなくなり、艇長はひとり死を逸して捕らえられた。

軽巡洋艦セントルイスは燃える真珠湾から外洋に逃れようと南水道を出たとき、二本の魚雷が突進してきた。とっさの転舵で被雷をまぬがれた。同艦の戦闘記録は記している。小型潜水艇の司令塔に命中弾を撃ちこみ確実に撃沈した、と。

ほかにも湾口付近で潜水艇を発見して撃沈したという複数の報告がある。すべて採用すると特潜の数は五に余る。港内には一艇も進入できなかったのだろうか。

わが第一次攻撃隊の機影は真珠湾上空から消えつつあった。小艦だから標的にされなかった駆逐艦モナハンの水兵は空を見上げて悪態《あくたい》をついた。

「ジャップの下手くそ！　一発ぐらい当ててみろ」

近くにいた水上機母艦カーチスの機銃群がいきなり海面を掃射した。潜水艦発見の旗旒《きりゅう》信号をかかげている。

「潜水艦だと⁉　バカな、こんな浅い港の中に……」

しかし、雷跡が突っ走り、でっかい魚雷のような怪物が海面に頭部をもたげた。仰天したモナハン艦長はとっさに体当たりを決意した。

「潰せ！」

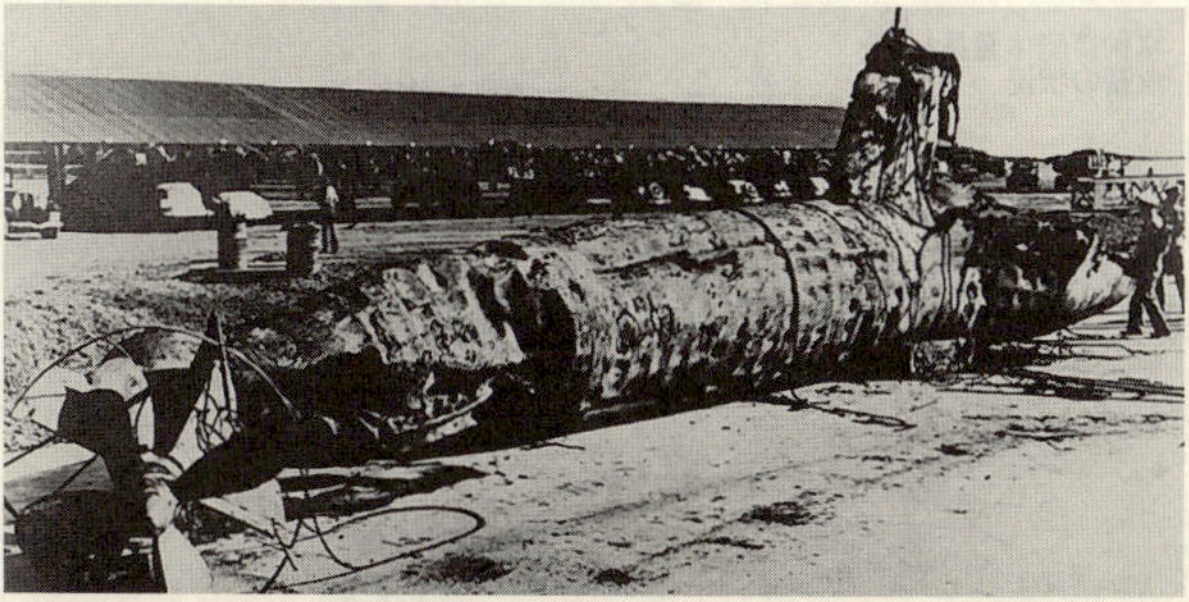
駆逐艦モナハンに激突された特殊潜航艇。爆雷攻撃で艇体にくぼみができている

九百メートルを全速で突っ走る間に、二度目の雷跡を危うくかわした。ガガーンと鉄と鉄とがふれる重い擦過音《さつかおん》をひびかせて、モナハンの衝角が怪物をくだいた。勢いあまったモナハンは起重機船に激突した。怪物は自爆装置が作動したのか、爆発音と共に海面高く水柱を吹き上げた。

特別攻撃隊の五隻の特殊潜航艇は、少なくとも一隻が真珠湾潜入に成功している。日出前の暗い海を浮きつ潜りつ艦船出入時に防潜網がひらかれた隙をついたのだろう。敵の本陣にとび込んだからには攻撃目標に事欠かない。よりどりみどりで手柄は思いのままだ。

しかし、彼らには待ったが掛かっていた。味方の航空部隊が来襲するまでは、絶対に手を出すな。海底に沈座して待てと。

湾内は浅い。水は透明だ。空が明るくなると発見されやすい。刻刻と危険がせまるその間を、搭乗員は艇内に身をかがめて、祖国の行く末を思い、その彌栄《いやさか》を祈りつつ耐えたのだろう。それを思うと胸が熱くなる。

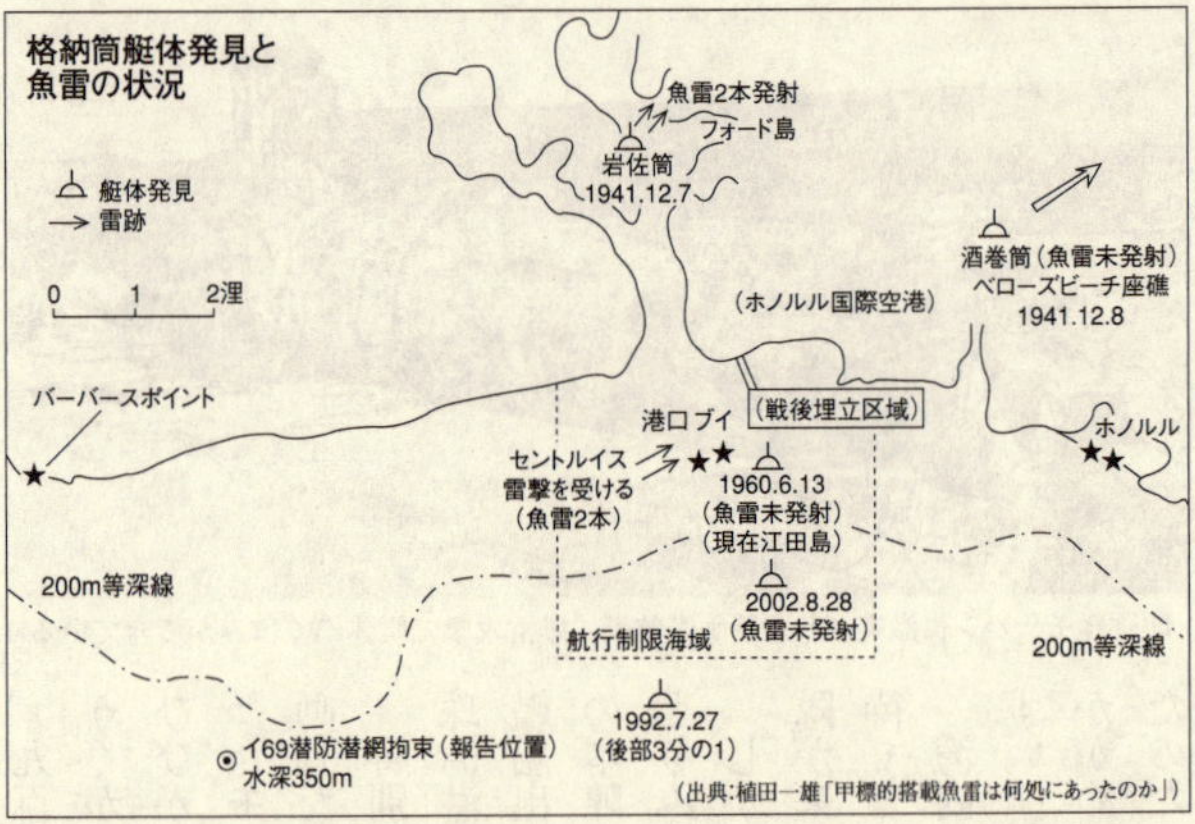

口舌の輩は軽口をたたいた。特別攻撃隊の勇士たちがゲームに興じながら、時間をつぶしたとは、もってのほかである。

艇が放った魚雷は二本とも目標をはずれた。一本は軽巡洋艦リレイの舷側を突っ走って陸岸で爆発し、他の一本は駆逐艦モナハンをはずれフォード島で爆発した。

もともと外洋で使用するために設計されているから、特潜の運動機能はいたっておおまかだ。浅くて狭い内湾での行動にははなはだ不向きだ。魚雷がはずれたのも好射点に占位できなかったからだ。

特潜のそのような劣悪な性能を承知のうえで第六艦隊司令部は命令した。

「攻撃終了後ハフォード島ヲ左ニ見ナガラ一周シテ港外ニ脱出セヨ」

モーターボートじゃあるまいし、面舵《おもかじ》取舵もままならず前進後退さえも思うにまかせない特潜に、重油が燃える海をもぐって脱出しろとは、その神経を疑う。

*

アメリカ海軍は真珠湾のなかから、無惨に破壊された鉄塊を引き揚げた。

シドニーを強襲、凄絶な最期をとげた松尾敬宇大尉の搭乗艇

そのとき拾得した布切れは日本海軍士官が着用する一種軍装の袖章だった。袖章は大尉の階級を示していた。艇の搭乗員は岩佐大尉と佐々木直吉一等兵曹にまちがいない。

出撃前夜にこれが故国の山河の見おさめかと、岩佐大尉がみなに語りかけた言葉が想い出される。

「貴様がやられたら俺が行く。俺がやられたら貴様が行け。仲間の水漬《みづ》く屍《かばね》を乗り越え、せめて一艇だけはなんとしても真珠湾潜入を果たそう」

*

全艇が湾内に侵入した、という大本営発表は論外だが、あちらの発表にも湾内に出没したミゼットサブマリン（超小型潜水艇）の数は、二とか三という説もある。

果たして事実はどうなのか。潮書房の月刊誌「丸」に掲載された「真珠湾攻撃『甲標的』搭載魚雷は何処にあったのか」という植田一雄氏の一文は、はなはだ説得力がある。氏の作図を拝借して掲げる（P．170の図を参照）。

図で明らかなように、湾内に進入できたのは岩佐艇だけだ。酒巻艇は捕獲され、他の三隻は港外で沈んでいる。

港口から遠く水深三百五十メートルの地点で発見された艇が気になる。親潜水艦から発進するなり釣合《ツリム》を崩して虚しく沈没したのかもしれない。

結局は五隻の特殊潜航艇がはるばる日本から運んできた十本の魚雷のなかの四本だけが発射されたが、いずれも目標をはずれて陸岸を爆砕したにすぎない。

モリソン博士はその著「アメリカ海軍作戦史」のなかで次のように総括した。

「真珠湾攻撃に参加した五隻の特殊潜航艇の全部は、アメリカ軍になんらの直接的損害を与えずに日本軍の損失に終わった」

戦闘記録としては、それに加えることは何もない。しかし、モリソン博士はハーバード大学の教授である。アメリカを代表する有識者に、真珠湾進入という困難に挑んだ日本の若者たちへ、こまやかな視線をそそいでほしかった。しかし、博士は海の向こうのお国がらだと突っ放した。

「この決死的な任務は、日本人独特の勇気と忠義の観念を強く刺激した」

特別攻撃隊の行動は欧米人には、ついに理解できなかったのだろうか。

半年後の昭和十七年五月末日に、特別攻撃隊の第二陣がシドニー湾を強襲した。そのとき湾内に潜入しながら攻撃に失敗した二艇が自爆した。

オーストラリア海軍は敵ながらあっぱれと、松尾敬宇大尉（海兵六十七期）、中馬兼四大尉（海兵六十七期）、大森猛一曹、都竹正雄二曹ら四人の敵国軍人を懇《ねんご》ろに弔《とむら》った。

海軍葬を営むにあたり、グールト海軍少将は放送した。

「このような鋼鉄の棺桶で出撃するには最高の勇気を必要とするにちがいない。彼らは最高の愛国者である。その志の万分の一なりと発揮する覚悟のある者が、われわれの中に果たして何人いるだろうか」

わが大本営発表や鳴り物入りの新聞報道にもまして、この放送は熱く胸を打つ。

しかしだ。わかってくれたのかと頬っぺたをたるませるだけではみっともない。オーストラリア海軍は、厳しく問いかけている。鋼鉄の棺桶《かんおけ》を駆って必死の任務に就いた戦士たちを、現在の日本人はどう思っているのかと。

答えるのはしばらく控えよう。私はまだ全てを語り終えていない。最後にペンを措《お》くときを待って、思うところを率直に申し述べる。

〈ペギーウォーナー・妹尾作太男共著「特殊潜航艇戦史」〈the coffin boats〉を参照しました〉

22　未だ帰還せず

開戦当日、ハワイの海に陽が沈むと、ラナイ島の西方七浬《かいり》と南方十浬の海域に五隻の潜水艦が浮上した。特殊潜航艇を搭載していた五隻の親潜水艦である。

二キロ間隔で一線に並び特潜の帰投を待った。すでに特潜の電池の容量も尽きている頃だが、さいわい月明の夜である。望みなきに非ずと待機したが虚しく夜が明けた。

「とうとう帰って来ませんな」

五隻の親潜水艦は潜没した。

そして、二日目の日没を迎えるとふたたび浮上した。深夜に軍令部からの電波を受信した。例の戦艦アリゾナの火柱についてである。攻撃したのは特別攻撃隊にまちがいないから、搭乗員の帰りが遅れるかもしれないというお達示である。それではと三日目も待機したが、虚しく夜が明けた。

第六艦隊司令部もさすがに諦めたのか、収容予定海域からの撤収を命じた。なお未練が残ったのか、伊号二二潜と伊号一六潜の二艦に、付近の島島の陸岸を捜索せよと命じた。

至れり尽くせりの収容作業である。特潜の勇士たちを思う恩愛の情の発露とみるには余りにも疑問が多すぎる。

　まず訊《き》きたい。艦隊司令部は搭乗員収容の可能性をどの程度に考えていたのか。開戦当日は、飛行機搭乗員の救出のためにも潜水艦を配置していた。明るい昼の空から降下する不時着機は発見しやすい。にもかかわらず、真珠湾上空で撃墜された二十九機五十五人の搭乗員をただ一人も救出できなかったではないか。

　昼でもだめなのに、夜の暗い海で海面をはってくる特潜を発見できるわけがない。帰投するとしたら湾口突破の危険にはじまって、湾内で戦闘の危険、湾外へ脱出の危険をかさねて、さらに四十浬もの暗い敵地の海を、限りある酸素と、限りある電池と、限りある命を保ちつづけられる道理がない。帰投は不可能である。

　それでも諦めずに、五隻の潜水艦に四日にわたって待機させるとは、涙ぐましい美談と言ってもいいが、そのためにどえらい代償を払わされたではないか。空母エンタープライズが虚をついて真珠湾に入港してしまった。

　さらに訊《き》きたい。第六艦隊には開戦直後の重大時期に、五隻の潜水艦を戦列からはなして待機させるほど余裕があったのか。さかのぼって検討してみよう。

　第六艦隊は先遣部隊という輝かしい名のもとに、二十七隻もの大型潜水艦をハワイ周辺に配置して鉄壁の陣をしいた。

　連合艦隊の長官山本《やまもと》五十六は、第六艦隊の長官清《し》水《みず》光美と私的な言葉を交わしている。

「きみと南雲でハワイを攻撃してもらいたい」

潜水艦は空母機動部隊の補助的な戦力ではない。両者を五分五分と見ている。

元軍令部第一部長福留《ふくとめ》繁の回想は、はっきりと言い切っている。

「瞬間的な航空攻撃の戦果よりは、潜水艦の持続的な攻撃戦果に、むしろ多くの期待をかけていた」

当の第六艦隊も期待に応える自信と自負にあふれていた。開戦前日のこと、軍令部は出動中の全艦隊に真珠湾の最新情報を打電した。

「空母二隻ト重巡十隻ハ出港セリ、外洋ニ在ルモノノゴトシ」

マーシャル群島ケゼリン泊地で先遣部隊の指揮をとっていた第六艦隊司令部に歓声がわいた。

「これでたっぷり分け前にありつける」

「機動部隊に独り占めにされたんじゃ腹の虫がおさまらんからな」

独りよがりの思い上がりではない。ワシントンにつづいてロンドン軍縮条約でも劣位にたたされた帝国海軍は、規制を受けなかった潜水艦の増強につとめた。

建艦技術の粋をあつめて大型潜水艦をぞくぞくと就役《しゅうえき》させ、乗組員は訓練につぐ訓練に明け暮れた。そして苦節十年。わが潜水艦部隊は質量ともに抜群の精強をほこった。

現に二十七隻の大型潜水艦からなる先遣部隊は、アメリカ太平洋艦隊が保有する潜水艦戦力の三倍をこえた。大戦果を期待するもされるも当然である。

ところが意外や、ハワイ海戦でのわが潜水艦作戦は期待を裏切る不本意な結果に終わった。敵艦を攻撃できたのは二十七隻中の一隻だけ、二十七分の一とはなんと貧しい数字だろう。それも成功しなかったばかりか、かえってわが新鋭伊号七〇潜水艦が撃沈された。満を持して出陣した先遣部隊の戦力が不発に終わった原因は、ただただ音響兵器（ソナー）の立ち後れである。大西洋ではすでに二年余も前から海戦がはじまっていて、ドイツ海軍のUボート（潜水艦）は小型ながら猛威をふるった。

連合国はシーレーンに甚大な被害をうけたが、音響兵器の開発に成功すると、たちまち形勢は逆転し、連合国の艦艇はUボート狩りに威力を発揮した。

軍令部第一部長・福留繁少将

そのことを日本海軍は知らなかったわけではあるまい。海軍大学校出のエリートは駐在武官として、先進諸国に派遣されている。海外勤務は、彼らの華やかなキャリアを飾るためだけではあるまい。彼らは公認の諜報員でもある。

こんな話があった。明治の半ばすぎにロンドン留学中の夏目漱石は、駐在海軍武官財部《たからべ》彪《たけし》大尉（後の海軍大将）が三倍もの給料をもらっているとぼやいている。昭和になってからも、駐在武官には十分の機密費が支払われていただろう。

情報収集に憾《うら》みはなかったか。問わずもがなのことをあえて問うのは、日本海軍はアメリカ海軍の潜水艦によって止めを刺されたからだ。マリアナ海戦の旗艦空母「大鳳」しかり、レイテ海戦の旗艦「愛宕」またしかり。戦艦「大和」が出撃するなり、終始追尾《ついび》して情況を通報しつづけたのもアメリカ海軍の潜水艦である。

話を戻そう。遠くケゼリン泊地から潜水艦作戦全般の指揮をとっていた清水長官は、あまりのことに蒼《あお》くなっただろう。よほど狼狽したのか、早早に先遣部隊の各艦に撤収を命じた。九十日も戦闘海域を遊弋する能力がありながら、開戦後わずか数日で作戦を打ち切るとは、前線将兵に抵抗はなかっただろうか。

手ぶらで帰るのもさまにならないと、司令部の親心か、帰りがけの駄賃に真珠湾の南西七百浬にあるジョンストン島の砲撃を命じた。ところが、島を発見できない艦がいたという。まさかと思うが事実らしい。

このままでは先遣部隊の名に恥じる。何か胸を張って報告できるようなことはないだろうか。特別攻撃隊がある。伊号二二潜に座乗する佐々木半九指揮官は、戦果を報告するにあたって確証はないと注をつけた。艦隊司令部はそれを確実なりに改めた。

「格納筒（甲標的）港内侵入後ノ状況ナラビニ戦果ハコレヲ詳《つまび》ラカニスルヲ得ザルモ、諸般ノ状況ナラビニ諸情報ヲ綜合シ、筒ハオオムネ確実ニ港内ニ達シ、敵主力艦一隻以上ヲ撃沈セルコト確実ナリ」

清水の報告に接した山本は、還ることのなかった十人の若者を哀惜しながらも、その健闘をたたえた。軍令部は大いに満足した。これで予定どおりの演出が可能になった。特別攻撃隊を謳いあげて、還らざる特殊潜航艇の若者たちを国民の偶像に祭り上げることができる。その低俗な政略と若者たちの純なる志とは、あまりにも次元が異なる。重複を厭《いと》わず彼らの志にいま一度ふれてみたい。

開戦直前の帝国海軍は、物心《ぶっしん》ともに充実しきっていた。強く明るくゆとりがあった。死のムードは希薄《きはく》だ。そのような帝国海軍の絶頂期に、彼らは死を決定的と覚悟して戦った。その勇気は愛国心に発する。

世紀新たないま、この国では死語となりつつある現状では、愛国心とは何か、と問われると多弁を弄《ろう》せざるを得ない。

大いなる他者への献身こそ人倫の極である。大いなる他者とはさまざまだ。ときに神や仏であり、理念であり、父と母であり、恋人であったりもする。特別攻撃隊の若者にとって大いなる他者とは、その名を日本と呼ぶ父祖伝来のこの国だった。彼らは祖国を武力で護る軍人だった。献身こそ人倫の極、彼らが発揮した芳《かぐわ》しい人間愛は数かぎりない。

岩佐大尉が発進直前に、艇付の佐々木一曹とともに親潜水艦伊号二二の全乗組員につげた訣別の言葉を記すにとどめる。

「私どもが本艦乗組を命ぜられてから一ヵ月、呉を出発してから二十日間、この間みなさんの心からなるご協力と絶大なご支援とによって、私ども搭乗員も甲標的も無事かつ完備の状態で真珠湾の見えるところまで到達いたしました。感謝に耐えません。これからは私たちの仕事であります。本艦の名を恥ずかしめず、みなさんのご期待にそむかぬよう、最善を尽《つく》して、私たち最後の任務達成にむかって出発します。別れにのぞみ、本艦のご健闘と武運長久をお祈りします」

明日ある身には明日の任務がある。今日を限りの命には最後の任務しかない。祖国なる大いなる他者への献身には、締め括りの言葉を欠かせない。

岩佐大尉は、胸奥《きょうおう》の熱い思いを言葉にした。

「さようなら」

折田善次氏のあの言葉が甦《よみがえ》った。

「誰だッ、突っ込ませたのは」

23　提督たち

帝国海軍が消滅して十五年が過ぎたころ、私は真珠湾に特別攻撃隊を放った作戦の真意を知る必要にせまられた。東宝で酒巻和男氏の自伝「捕虜第一号」の映画化が企画され、シナリオの執筆を依頼されたからである。

かなりの時間をついやしてようやく一つの仮説に辿りついた。十人の若者たちは、あらかじめ二階級特進のターゲットにされて、その任務は真珠湾に死ぬことであった。仮説の取捨《しゅしゃ》如何《いかん》でシナリオの構成は大きく変わる。

私はプロデューサーの堀江史朗氏をともなって、目黒の長者丸をおとずれた。そこには史料調査会海軍文庫の門標が掲げられていたが、昔の海軍大学校である。建物に用があったわけではない。史料調査会の会長にお会いするための訪問である。

会長なるお方は、元海軍少将冨岡《とみおか》定俊すなわち開戦時の軍令部（大本営海軍部）一部一課長である。作戦の中枢に位置していた氏のアポイントが取れたとき、これでわがシナリオは大きく一歩踏み出せると思った。しかし、世が世なら、とても膝をまじえられる相手ではない。こちらも亡き帝国海軍の末席につながっていただけに、かなり緊張して扉をたたいた。

軍令部一部一課長・冨岡定俊大佐

迎え出た気品のある婦人に刺を通ずると、応接室に案内された。先方は旧海軍のエリート中のエリートで、しかも旧華族の男爵である。こちらは平民の小伜《こせがれ》で戯作者《げさくしゃ》のはしくれときている。

募るコンプレックスを払いつつ待つことしばし、写真で見知った恰幅《かっぷく》のいい紳士が登場した。

「やあ、いらっしゃい」

声にも威厳があった。氏は先ほどの婦人に申しつけた。

「お客様にお茶をお持ちなさい」

「かしこまりました」

何やらハイソサイエティの雰囲気である。これしきのことに圧倒されてはいけない。世はデモクラシーの時代ではないか。臆してならじと、私は単刀直入に訊《き》いた。わが仮説の正誤如何《いかん》と。

紳士の表情がにわかに険しくなった。

「ちょっと失礼」

席を立って奥へ引っ込んだ。インタビューに不慣れとはいえ、なんと拙劣なわが話術よ、後悔したが後の祭りだ。

氏はなにやら気負い込んでもどってきた。

「これをご覧なさい」

手にした分厚いファイルを差し出した。表紙には大海令の文字があった。

「軍閥が勝手に独走したとはとんでもない。この通りです」

ファイルをめくると、大海令各号に、幅二センチ長さ五センチほどの和紙の紙片を貼付《てんぷ》してあった。そこには「可」の一文字が滲んでいた。天皇が御自ら筆をお取りになったのだという。

聞くほどにわがコンプレックスは消しとんだ。後世の批判を浴びてこそかつての高位高官だ。先方もそれを承知のはず。加減することはない。クールな意見を返そう。

軍閥の独走ではない。これこの通りと付箋《ふせん》つきの大海令集を突きつけるとは、一切の責任は天皇にあるということだろうか。連合国は天皇の戦争責任を問わなかった。その典拠《てんきょ》は日本の天皇は君臨するが統治しないと正しく認識したからだ。

冨岡氏は会わずもがなの来訪者の前で、統治の責任まで天皇に押しつけた。天皇はただただ君臨する。統治するには現人神《あらひとがみ》から人間天皇に復さなくてはならない。戦前戦中に現人神が人間天皇に復されたことが二度だけあった。二・二六事件という青年将校のクーデターに激怒されたときと、ポツダム宣言受諾という救国の道をひらけと仰《おお》せられたときだ。他はすべて統治とは関りなく現人神として君臨された。

冨岡氏は言葉をついだ。

「霞ヶ関の海軍省が空襲を受けたとき、これだけは絶対に焼失してはならないと、私は火と煙のなかを身を挺して持ち出したのです」

その声は当人の意図に反して虚《うつ》ろにひびいた。大事なはずである。軍閥の独走ではないことの証拠だから。

氏は相手を沈黙させたとでも思ったのか、饒舌《じょうぜつ》に弾《はず》みがついた。戦後社会の風潮に亡国の姿を見ると気炎を吐いたあげくに口をすべらせた。

「突っ込めと言えば、その辺のハッつあん熊さんでも突っ込みますよ」

この身もハッつあん、熊さんの一人、わが耳は完全に聾《ろう》した。もはや氏の饒舌《じょうぜつ》はただのノイズに過ぎない。ここまで言われたら、かなり辛辣《しんらつ》な皮肉を返すことも許されるだろう。

「海軍大学で、図演のサイコロばかり振ってるから、爆弾と人の命の見分けがつかなくなるんです」

しかし、私は言葉を呑んだ。相手は紳士である。私は精いっぱいの丁重さをよそおった。

「長時間にわたってありがとうございました」

私たちは元海軍大学校の建物に背をむけて長者丸の坂を下った。同行の堀江氏とかわした言葉は短かった。

「てなわけですか」

「てなわけです」

*

私は大事なインタビューに失敗したのだろうか。いや、そうではない。付箋《ふせん》つきの大海令集を確《しか》とこの眼で見ただけでも、得がたい収穫ではないか。

元帝国海軍の超エリートには、戦中と戦後の意識にほとんど落差がない。日本海軍の作戦のすべてを知る氏は、戦後も貴重な存在だった。アメリカにとってである。

いちはやく来日した戦略爆撃調査団は、バロン・トミオカと呼びかけたにちがいない。先例がある。硫黄島が玉砕する直前に、米軍は日本軍の陣地に向かってバロン・ニシと呼びかけた。バロン・ニシとは昭和七年（一九三二年）のロサンゼルス・オリンピックの馬術競技で金メダルに輝いた西竹一陸軍中尉、のちの戦車連隊長西《にし》竹一中佐である。彼もまた男爵だった。

伝統に乏しい民主国家アメリカは、貴族に弱い。バロン・トミオカを丁重に遇しただろう。敗軍の将が卑屈になったら、戦史をつまびらかにできないからでもある。氏は厚遇されるままに、軍令部の要職に在ったときの誇らかな意識をそのまま保ちつづけた。

＊

意識の落差がない、もう一人の提督がいる。開戦時の第六艦隊司令長官清《し》水《みず》光美中将だ。彼の潜水艦作戦に見るべきものはないが、その後、戦艦部隊の第一艦隊司令長官に親補された。大艦巨砲主義がなお消えていない時代だから、栄転だと思う。

しかし、戦艦「陸奥」が謎の爆発を起こして沈没するという事件が起き、その責任を問われて退役した。以後は戦列の外に在ったまま戦争は終わった。

ゴードン・プランゲの著書「トラ・トラ・トラ」には、日本海軍の高級士官の写真が数多く掲載されているが、清水の肖像はひときわ目をひく。海軍中将の軍服は胸いっぱいに勲章でかざられている。当人が提出したのだろう。自己顕示欲がみえみえでならない。

写真に添えて著者は記す。

「若者たちの決意に満ちた顔を見て、清水は特殊潜航艇の攻撃は大成功に終わるだろう。そして山本長官は彼ら若人たちを誇りとするにちがいないと確信した」

著者の創作ではない。清水自身の言葉である。生還するつもりのない部下に行けと命ずるのは忍び難いはずだが、清水は一足とびに大戦果を確信した。若者たちの闘志に感動したからとは、あなたまかせもいいところだ。指揮官としての器量を疑う。山本長官云云《うんぬん》にいたっては、上級者への追従《ついしょう》以外の何ものでもない。

特別攻撃隊の五人の艇長のうち酒巻少尉をのぞく四人の墓碑には、位階勲等とその名が彫られていて、艦隊司令長官海軍中将清水《しみず》光美書とある。墓碑に刻まれた文字は清水の揮毫《きごう》によるものだ。この中将閣下は自分の名を売ることにはぬかりがない。

＊

ハッつあん、熊さんのぼやきを、いましばらく聴いてもらいたい。海軍少将前田《まえだ》稔は開戦時の大本営報道部長である。

「アメリカ主力艦の大半を一日で片づけてしまった」

私的な語らいならこれくらい威勢よくぶち上げるのもご愛敬だが、帝国海軍の名のもとに全国に放送した報道の一部となると、引っ掛かる。上司がこれだから口舌の雄平出《ひらいで》英夫大佐が吹きまくるのは無理もない。

大本営発表のひとこま。右から２人目の眼鏡が平出英夫大佐

その後、中将に昇進した提督《ていとく》前田稔は、敗色濃い昭和二十年の三月に第十航空艦隊の初代司令長官に親補された。帝国海軍とっておきの強力な航空艦隊がついに押し出したか、そう思わせるほどに第十航空艦隊の名はいかめしい。ところがである。そのころ宇佐海軍航空隊に配属されていた学徒出陣の予備士官らは、指揮所前でいともあっさりと言い渡された。

「宇佐はもはや練習航空隊ではない。実戦部隊だ。貴様たちは自今、十航艦の指揮下に入る」

つまり第十航空艦隊とは練習航空隊の寄せ集めである。そのときわれわれの飛行時間は百時間にみたなかった。

「これじゃまともな戦さなどできっこない」

「心配するな、離陸できればそれで十分」

さもあろう。体当たり攻撃に熟練搭乗員である必要はない。

それにしても、われわれは直属の司令長官の名を知らなかった。知る必要もなかった。十航艦は特攻作戦の指揮を五航艦に丸投げしている。五航艦の長官宇垣《うがきま》纒《とめ》中将を意識することはあっても、直属の十航艦長官前田《まえだ》稔中将の名を口にしたことはない。沖縄特攻の第一陣菊水《きくすい》一号作戦のときだけは、鹿屋あたりで出撃を見送ったそうだが、その後に、十航艦の長官が搭乗員の前に姿を見せた話は聞いたことがない。終戦までの五ヵ月間、彼はどこで何をしていたのだろう。元大本営報道部長の前歴をいかして、特攻礼讃《らいさん》につとめたのだろうか。

真珠湾特別攻撃隊の若者たちは、死の彼方に祖国の栄光を見たが、沖縄特攻の若者たちは出撃前に密《ひそ》かに語らった。

「おれたちが死につづけるのは、お偉方に戦争の愚かさを気づかせるためだ」

一億特攻とはみんな死んでしまうこと、文字どおり亡国の道を突っ走ることではないか。沖縄の海に水漬く屍と果てた若い命たちの絶叫を聞く思いがする。

「長官、救国の道を探ってください」

海軍中将前田稔は天寿を完うした。

24 トヨタの社宅

海軍大学校跡をたずねたときと前後して、私は愛知県の豊田へ足をはこんだ。当時はまだ市制がしかれていなかったと思う。あたりは田園風景がひろがっていた。

トヨタ自動車工業は、捕虜第一号と名乗る酒巻和男を丁重に迎えた。

「あなたのような方にぜひ、わが社で働いて頂きたいのです」

戦ったのはたった一日だけ、四年もの間、戦争の列外にたって生還した元海軍少尉に、世間の眼はまだ冷たかった。そんな戦後まもない時期である。

トヨタの先進的な感覚はすばらしい。この企業は将来かならず大をなすだろう。そんなことを思いながら、私は道行く人にトヨタの社宅の所在をたずねた。酒巻氏はすでにトヨタの社員として社宅を与えられていた。彼は私の求めに心よく応じて、日曜日を指定してくれた。

ところが、当日になっても、私はインタビューにのぞむ心構えがととのっていなかった。特殊潜航艇の若者たちは、事の以前から二階級特進のターゲットであり、彼らの任務はもっぱら真珠湾に死ぬことであった。そんな仮説をこの人にだけは言えないと思った。しかし、思えば思うほど、仮説は誤りではないという確信が固まっていく。

そんな矛盾に突きあたりながら、私は酒巻と表札が出ている社宅の前に立った。戦後量産型の木造一戸建である。酒巻氏はにこやかに迎えて私を座敷へ通してくれた。

「家内が野暮用で出かけてますので」

彼は私をひとりにして台所の方へさがった。座敷の隅にボックス型の古いピアノが据えられていた。奥様が実家から持参されたのだろう。酒巻夫妻は、幼なじみの間柄とは聞き知っていたが、ピアノを目にして、突然に気がついた。生還した酒巻和男をトヨタより先に温かく迎えたのは、いまは彼の伴侶《はんりょ》となっている幼なじみだということに。有為転変の果てに氏が辿りついた小市民的幸せは、何人も侵すことのできない聖なる幸せだ。

奥様は野暮用で外出されたと聞いたが、ちがうような気がしてきた。ご夫婦の作夜の会話を勝手に想像してみた。

「おことわりすれば、よかったのに」

「会いたいという人には、いやとは言わないことにしてる」

「弱みがあるからですか」

「そうじゃない。これからの人生を堂々と生きてゆくためだ」

「お客様はあなたのことを根掘り葉掘りお訊《き》になるんでしょうね」

「それがあちらの稼業《しょうばい》だからね」

「私には招かざるお客です」

事実そんな会話がかわされたような気がしてきた。想いに耽《ふけ》っていると、酒巻氏が茶を運んできた。何なりと存分に質問してくれと言わんばかりの笑みをたたえていた。

しかし、ピアノを目にしたときから、私はインタビューアーとしての腰が砕けてしまった。彼が捕虜になったというニュースが伝わると、海軍兵学校六十八期のクラス会は、とくに激しく願っただろう。

「死んで捕虜の汚名をそそげ。クラスの名誉のために自決しろ」

クラス会の先頭に立ったかもしれない人物を、私たちは宇佐海軍航空隊の飛行隊長として接した。山下博大尉その人である。私は酒巻氏に茶をすすめられながら、当面の話題として山下大尉を俎上《そじょう》にのせた。

「綽名《あだな》は荒法師です」

酒巻氏は大きくうなずいて立ち上がった。隣《となり》の部屋から持ってきたのは海軍兵学校六十八期の卒業写真アルバムだった。

「この男でしょう」

親しげに指さした。荒法師こと山下大尉が鳥取県米子中学出身であることをそのとき知った。黒潮おどる南の国の産かと思っていたのに、山陰育ちとは意外だった。そんなことを喋りながら、初対面の堅苦しさをほぐしていった。そして、酒巻氏の現在をよりよく知った。

捕虜になるなり海軍兵学校は彼を抹消しただろう。彼もそれを覚悟したにちがいない。絶縁されたら絶縁するしかない。しかし、彼は同期の卒業アルバムを大事に手もとに置いている。貴重な青春は消えていないし、歪《ゆが》んでもいない。私は吻《ほっ》とした。

海軍兵学校六十八期は戦死者の比率がもっとも高いクラスである。三百八十八人中、二百人近くが戦死している。

「みんな死んでしまったような気がしましてね」

裏返すと自分一人が死んでいないということだ。彼には生きてしまったことの痛みがある。

アルバムの頁をめくりながら同期生の一人を指さした。

「広尾彰です。出撃前夜、二人で呉の街をぶらつきながら、閉店した化粧品屋の戸をたたき、広尾と私は香水を買いました」

氏の顔からそれまで湛《たた》えられていた笑みが消えた。眼がうるんだ。私になにやらズキンと衝撃が伝わった。

この人を主役にして、コマーシャルベースの映画をつくるのは、不遜である。私は「捕虜第一号」の映画化企画をみずから破棄した。

エピローグ

海軍将兵の二階級特進を謳《うた》った駈け込み制度こそ、戦史を解《と》く秘鑰《ひやく》とみて、辿り辿ったゴールに結論を得た。

統率の外道《げどう》にはしった作戦は、ついに破綻《はたん》をまぬがれない。真珠湾攻撃の特別攻撃隊は言うまでもない。レイテ湾への艦隊総殴り込みともいうべき捷一号作戦がそうであり、戦艦「大和」の海上特攻もまたそうである。

真珠湾攻撃では、あらかじめ軍神となる者をえらんで、海軍当局はひそかに彼らが戦死することを待望した。そこに統率の外道を見る。当然の成り行きとして作戦は破綻した。捕虜となった当人が自決するかしないかは問題外である。

バナナの叩き売りでもあるまいに、日本海軍の栄光をになってきた虎の子の戦艦、重巡を、レイテの軍艦墓場に束にしてぶっつぶす気か。艦隊将兵のそんな憤懣《ふんまん》を封じて、連合艦隊司令部は全艦レイテ湾に突入せよと下令した。

ここにも統率の外道がある。そして破綻があった。艦隊は傷つき半減しながらも、レイテ湾口四十浬の指呼の間にまでせまったが、突如、反転するという謎の行動をとった。


一億総特攻の魁《さきがけ》となって頂きたい。連合艦隊司令部は、命令の趣旨をそのように伝えた。戦艦「大和」の出撃は、戦うよりも撃沈されるためだった。統率の外道というしかない。延べ三百機の空襲にたえてなお沖縄へと進撃していた戦艦「大和」にも、最後の時が訪れようとしていた。随伴する軽巡「矢矧《やはぎ》」と四隻の駆逐艦の艦影は、すでにない。

第二艦隊司令長官伊藤整一《いとうせいいち》中将は、もはやこれまでと作戦中止を決意し、残存する駆逐艦に、洋上にただよう味方将兵を救出収容して反転帰投せよと命じた。

沖縄水上特攻の破綻である。しかし、第二艦隊の命令違反が査問されたとは聞かない。ここに特攻路線修正の兆しをみる。


九軍神にはじまって以来、二階級特進の恩典に浴する者は日をおって増えつづけ、陸海その数をきそうにいたっては、稀少価値も薄れてきた。

神風特攻の末期になると、下士官の特攻戦死者は、全員を海軍少尉に昇進させるという御《お》触《ふ》れまで出した。二階級どころか三階級、四階級の特進である。頼むから死んでくれと言わんばかりのなりふりかまわぬばら撒き進級ではないか。

こうなると組織の秩序は保てない。崩壊の前兆である。

福留繁は言う。

「海軍はこの戦争を最初から特攻気構えで望んだ」

沖縄水上特攻——敵機の大空襲に耐える断末魔の戦艦「大和」

当人はその理由を語っていない。私は思う。

「海軍は負けると知りながら、負けてはならない戦争に突入した」

狂信的な勝利の幻想にとりつかれた陸軍にくらべると、まだ救いがある。しかし、負けると知りながら負けてはならないとは、なんと悲劇的な矛盾だろう。そこに特攻気構えを余儀なくされた事情がある。

統率の外道もやむなしとばかり特攻につぐ特攻、戦艦「大和」「武蔵」以下の艦艇数百ことごとく沈み、陸に上がった満身創痍の海軍は、それでも海岸線にしがみついて、面目をたもとうとした。

本土決戦となると陸軍も海軍もない。合体して国軍になれという現実的な要請があったが、海軍は最後まで陸軍と合体することを拒《こば》んだ。もし合体していたら、和平への道はついに閉ざされただろう。

終戦を数日後にひかえて、海軍は雷爆兼用の最新鋭機「流星」十五機を特攻に放った。

この期に及んで何のための特攻か。

折りから中央では、重臣たちが徹底抗戦かポツダム宣言を受諾すべきかで鳩首協議していた。海軍大臣米内光政《よないみつまさ》は救国の道は和平にこそあるとして、徹底抗戦を主張する陸軍強硬派と渡り合っていた。

このことに「流星」特攻の意義を探ろう。海軍は臆したとうそぶく陸軍主戦派の驕慢《きょうまん》を砕くために、海軍が見せた一大デモンストレーションである。終戦という難業をなし遂げるには、それが必要だった。

「流星」特攻三十人の若者たちの姿が、真珠湾特別攻撃隊十人の若者たちの姿にかさなる。みな大正生まれの日本の男の子だった。

あとがき

戦史を検証することは、これからの国の舵取りになにかと役立つだろう。検証の第一歩を誤らないために、私自身の体験からはじめる。

宇佐海軍航空隊の予備学生舎では、夜ごとに百余の釣床が隙間なくケンバスをピタリと宙に接して吊られた。しかし沖縄特攻戦がはじまると、櫛《くし》の歯が脱《ぬ》けるように、釣床の数が減っていった。出撃した仲間はみな揺《ゆる》ぎない死の決意を練りかためて飛び発った。

そのことを語り伝えようとすると誰もが死の美学にのめり込んでしまう。そう言う私自身がその最たる者かもしれない。特攻出撃とは非日常の極み、青春の絶頂にありながら男たちが訣別の爆音を後に空の彼方に消えて行く。それっきり帰って来ない。そこには出撃する若者たちの圧倒的な存在感があった。

しかし、すべての戦闘行動は命令によって発せられる。彼らは命令されたのである。被命令者としての受動性は厳として消えない。そこに想い至ったとき、わが情念は忽然と命令者にスパークした。

第一航空艦隊の大西瀧治郎長官は、事ここに至ってはもはや必死必殺の体当たり攻撃を敢行するしかないと固く決意して、軍令部に特攻実施の了解をもとめた。そのときの様子を当時の軍令部（大本営海軍部）の作戦課長山本親雄が述べている。

〈同席する者だれ一人言葉を発するものもなく、しばらく沈思黙考がつづいたが、やがて及川古志郎総長がおもむろに口を開いた。

「大西中将、あなたの申し出にたいし大本営としては涙をのんでこれを承認します。しかし、その実行に当たっては、あくまで本人の自由意志にもとづいてやって下さい。決して命令はして下さるな」〉

涙をのもうとのむまいとそんなことはどうでもいい。要するに一札取れということか。軍令部は特攻を承認した。総長の言葉は結果として次のようになる。

「特攻は強制したのではない。搭乗員が行きたいと言ったから行かせたのだ」

これほど体《てい》のいい責任回避がまたとあろうか。統帥権をないがしろにするも甚だしい。われわれが特攻志願の有無を問われたのも、そのルーツは軍令部総長のこの言葉にある。特攻を志願するか、熱願するか、それとも志願しないか、いずれかに○印をつけて提出せよとは、まるで陰湿な思想調査だ。屈辱を感じながら全員が熱願と大書した。

命令した者は特攻に散華《さんげ》した若者たちを、口をきわめて称讃する。その響きは虚しい。作戦を正当化する自己弁護にさえ聞こえる。

特攻的風潮は、早くも開戦初頭の真珠湾特別攻撃隊に兆している。その実態を検証すればするほど、わが筆勢は命令者側に向かざるを得なかった。そして、大本営発表とそれにまつわる諸諸の事象をすべてキャンセルした。ために生じた空白を埋めなくてはならない。わが思いを率直に述べるときが来たようだ。

あの日、真珠湾に水漬く屍と果てた若者たちの行為と死は、敗戦により国体が激変したにもかかわらず、この国が同一性を保ち得たことに与《あずか》って力がある。このことを、より多くの方方が賛同して下さることを願って、私は本書を綴った。


執筆にあたり参照させて頂いた文献を左に掲げます。（順序不同）

牛島秀彦著「九軍神は語らず」（光人社ＮＦ文庫）
栗原隆一著「甲標的」（波書房刊）
酒巻和男著「捕虜第一号」（新潮社刊）
ペギーウォーナー、妹尾作太男共著「邦訳特殊潜航艇戦史」（時事通信社刊）
福留繁著「史観真珠湾攻撃」（自由アジア社刊）
実松譲著「あゝ日本海軍」（光人社刊）
板倉光馬著「続あゝ伊号潜水艦」（光人社ＮＦ文庫）

五味川純平著「御前会議」（文藝春秋社刊）
豊田穣著「蒼芒の海」（プレジデント社刊）
吉田俊雄著「海軍参謀」（文春文庫）
山本親雄著「大本営海軍部」（朝日ソノラマ）
藤田怡与蔵ほか著「証言真珠湾攻撃」（光人社NF文庫）
ゴードン・W・プランゲ著「邦訳トラトラトラ」（日本リーダースダイジェスト社刊）
サミュエル・E・モリソン著「邦訳太平洋の旭日」（改造社刊）
阿川弘之著「井上成美」（新潮社刊）
植田一雄著「真珠湾攻撃『甲標的』搭載魚雷は何処にあったのか」（潮書房刊「丸」第五十八巻第一号所載）

執筆に至るまでの間に面談あるいは電話による対話の機会を得た方々のお名前を敬称を略して記します。
折田善次　小柳冨次　酒巻和男　園田一郎
冨岡定俊　堀江史朗　八巻悌二　吉田俊雄

単行本　二〇〇六年五月「真珠湾再考　二階級特進の周辺」改題　光人社刊

NF文庫

真珠湾特別攻撃隊

二〇一六年十二月十七日　印刷
二〇一六年十二月二十三日　発行
著　者　須崎勝彌
発行者　高城直一
発行所　株式会社潮書房光人社
〒102-0073　東京都千代田区九段北一-九-十一
振替／〇〇一七〇-六-五四六九三
電話／〇三-三二六五-一八六四代
印刷・製本　図書印刷株式会社
定価はカバーに表示してあります
乱丁・落丁のものはお取りかえ致します。本文は中性紙を使用

ISBN978-4-7698-2983-6　C0195
http://www.kojinsha.co.jp

刊行のことば

第二次世界大戦の戦火が熄《や》んで五〇年——その間、小社は夥しい数の戦争の記録を渉猟し、発掘し、常に公正なる立場を貫いて書誌とし、大方の絶讃を博して今日に及ぶが、その源は、散華された世代への熱き思い入れであり、同時に、その記録を誌して平和の礎とし、後世に伝えんとするにある。

小社の出版物は、戦記、伝記、文学、エッセイ、写真集、その他、すでに一、〇〇〇点を越え、加えて戦後五〇年になんなんとするを契機として、「光人社NF（ノンフィクション）文庫」を創刊して、読者諸賢の熱烈要望におこたえする次第である。人生のバイブルとして、心弱きときの活性の糧《かて》として、散華の世代からの感動の肉声に、あなたもぜひ、耳を傾けて下さい。

NF文庫

＊潮書房光人社が贈る勇気と感動を伝える人生のバイブル＊

ＮＦ文庫

海軍軍令部　戦争計画を統べる組織と人の在り方
豊田　穣
連合艦隊、鎮守府等の上にあって軍令、作戦、用兵を掌る職——日本海軍の命運を左右した重要機関の実態を直木賞作家が描く。

軍艦と装甲　主力艦の戦いに見る装甲の本質とは
新見志郎
艦全体を何からどう守るのか。バランスのとれた防御思想とは。侵入しようとする砲弾や爆弾を阻む〝装甲〟の歴史を辿る異色作。

新兵器・新戦術出現！　時代を切り開く転換の発想
三野正洋
独創力が歴史を変えた！　戦争の世紀、二〇世紀に現われた兵器と戦術——性能や戦果、興亡の歴史を徹底分析した新・戦争論。

真珠湾攻撃隊長　淵田美津雄　世紀の奇襲を成功させた名指揮官
星　亮一
真珠湾作戦の飛行機隊を率い、アメリカ太平洋艦隊に大打撃を与えた伝説の指揮官・淵田美津雄の波瀾の生涯を活写した感動作。

昭和天皇に背いた伏見宮元帥　軍令部総長の失敗
生出　寿
不戦への道を模索する条約派と対英米戦に向かう艦隊派の対立。軍令部総長伏見宮と東郷元帥に、昭和の海軍は翻弄されたのか。

倒す空、傷つく空　撃墜をめざす味方機と敵機
渡辺洋二
撃墜は航空戦の基本的命題である——航空戦が生み出す撃墜のメッセージ、戦闘機の有用性と適宜の用法をしめした九篇を収載。

＊潮書房光人社が贈る勇気と感動を伝える人生のバイブル＊

NF文庫

海軍戦闘機列伝　搭乗員と技術者が綴る開発と戦闘の全貌
横山保ほか
私たちは名機をこうして設計開発運用した！　技術と鍛錬により青春のすべてを傾注して戦った精鋭搭乗員と技術者たちの証言。

少年飛行兵物語　海軍乙種飛行予科練習生の回想
門奈鷹一郎
海軍航空の中核として、つねに最前線で戦った海の若鷲たちはいかに鍛えられたのか。少年兵の哀歓を描くイラスト・エッセイ。

ラバウル獣医戦記　若き陸軍獣医大尉の最前線の戦い
大森常良
ガ島攻防戦のソロモン戦線に赴任した若き獣医中尉。軍馬三千頭の管理と現地自活に奔走した二十六歳の士官の戦場生活を描く。

新説 ミッドウェー海戦　海自潜水艦は米軍とこのように戦う
中村秀樹
平成の時代から過去の戦場にタイムスリップした海上自衛隊の潜水艦はどんな威力を発揮するのか――衝撃のシミュレーション。

牛島満軍司令官沖縄に死す　最後の決戦場に散った慈愛の将軍の生涯
小松茂朗
日米あわせて二十万の死者を出した沖縄戦の実相を描きつつ、戦火のもとで苦悩する沖縄防衛軍司令官の人間像を綴った感動作。

軍艦「矢矧」海戦記　建築家・池田武邦の太平洋戦争
井川　聡
二一歳の海軍士官が見た新鋭軽巡洋艦の誕生から沈没まで。日本の超高層建築時代を拓いた建築家が初めて語る苛烈な戦場体験。